# LUCA MORO

# FINANZA COMPORTAMENTALE
# SEMPLIFICATA

## Come Diventare un Risparmiatore Consapevole Evitando i 12 Principali Errori negli Investimenti Finanziari

Titolo

"FINANZA COMPORTAMENTALE SEMPLIFICATA"

Autore

Luca Moro

Editore

Bruno Editore

Sito internet

http://www.brunoeditore.it

# Sommario

*A Lyudmyla,*
*la metà che mi rende intero...*

# Introduzione

La finanza comportamentale è quella parte di studi economici che analizza le decisioni di investimento dei risparmiatori e definisce con quali modalità la psicologia impatta sulle nostre scelte finanziarie.

Si tratta di un approccio descrittivo che afferma che gli investitori non sono completamente razionali nelle loro decisioni, ma compiono errori cognitivi ed emotivi che influenzano i risultati. Un insieme, quindi, di finanza e psicologia, con l'obiettivo di comprendere l'andamento dei mercati finanziari in relazione al comportamento del singolo individuo.

Daniel Kahneman, israeliano e docente di psicologia all'università di Princeton, che ha ricevuto il premio Nobel per l'Economia, nel 2002, «per avere integrato risultati della ricerca psicologica nella scienza economica, specialmente in merito al giudizio umano e alla teoria delle decisioni in condizioni d'incertezza» (D. Kahneman, *Wikipedia*, l'Enciclopedia Libera) è stato appunto il primo a parlare con rigore scientifico della capacità umana di operare scelte economiche in situazioni di indecisione e indeterminatezza.

Il primo capitolo tratta proprio la correlazione esistente tra la finanza e la psicologia, mettendo in evidenza molto sinteticamente i concetti base utili per approcciarsi al mondo degli investimenti, quali inflazione, rendimento reale, propensione al rischio (o tolleranza alla perdita), orizzonte temporale, diversificazione, pianificazione finanziaria, avidità, paura e psicologia del risparmiatore.

Gli studi di Kahneman convinsero Robert Shiller e Richard Thaler a muoversi nella stessa direzione, ricevendo anch'essi il Nobel per l'Economia, rispettivamente nel 2013 e nel 2017, per i loro lavori approfonditi sempre sulla finanza comportamentale.

Shiller, professore all'università di Yale (Connecticut, USA), ha studiato la volatilità dei mercati finanziari, la dinamica dei prezzi e la formazione delle bolle speculative: e proprio a questi concetti è dedicato il secondo capitolo, la cui conoscenza ci aiuta ad aumentare il nostro livello di consapevolezza finanziaria negli investimenti.

Richard Thaler, economista statunitense, è stato invece un fervido sostenitore della teoria secondo cui i suggerimenti positivi e gli stimoli adeguati (le cosiddette "spinte gentili") possano influenzare il processo decisionale di gruppi e individui, almeno con la stessa efficacia di quella prodotta da governi e istituzioni (R. Thaler, *Nudge: la spinta gentile*, 2008)

Il terzo capitolo descrive molto semplicemente i più rilevanti errori cognitivi e comportamentali che la nostra mente ci porta a compiere quando decidiamo di investire i nostri soldi: l'"effetto gregge", l'*overconfidence*, l'avversione alle perdite, l'errore domestico, la focalizzazione sul breve termine e molti altri. Come diceva Benjamin Graham: «Il peggior nemico dell'investitore è con ogni probabilità l'investitore stesso».

Il quarto capitolo si sofferma sui concetti di risparmio e di investimento (termini simili ma, in realtà, ben distinti), sulla situazione della cultura finanziaria nel nostro paese e, infine, sulla relazione tra rendimento e rischio.

Per finire, nell'ultimo capitolo si prendono in considerazione gli errori della finanza comportamentale che sono presenti anche negli investimenti immobiliari (sebbene in misura minore).

# Capitolo 1:

# La correlazione tra psicologia e finanza

«I mercati "toro" nascono dal pessimismo, crescono con lo scetticismo, maturano nell'ottimismo e muoiono sull'euforia.

Il periodo di massimo pessimismo è il migliore per comprare e il periodo di massimo ottimismo è il migliore per vendere».

*Sir John Templeton*

I *marshmallow* sono dolcetti allo zucchero molto famosi negli Stati Uniti e Walter Mischel, psicologo e docente presso la Stanford University della California, ha eseguito nel 1972 un interessante esperimento che ha introdotto il concetto di "autocontrollo" e consisteva nello studiare il comportamento di bambini di 4-5 anni a cui veniva dato proprio un *marshmallow,* dicendo loro che lo avrebbero potuto mangiare subito oppure, se avessero aspettato un quarto d'ora senza toccarlo, ne avrebbero ricevuto un secondo come premio.

Lo scopo del "test" di Mischel era quello di capire in che modo ogni bambino sarebbe riuscito a gestire la propria **gratificazione differita** nel tempo, cioè la capacità di saper attendere per avere ciò che si desidera, rimandando una soddisfazione immediata per ottenerne una maggiore in seguito.

Di tutti i bambini che parteciparono all'esperimento, solo un terzo riuscì ad aspettare per ottenere il secondo dolcetto e da una verifica eseguita negli anni a venire, si constatò che quei bambini che avevano ritardato la gratificazione più a lungo erano diventati nel corso del tempo più maturi e responsabili degli altri con risultati scolastici e capacità professionali più brillanti.

Un altro studio condotto negli anni novanta negli Stati Uniti, che conferma come il nostro cervello dia generalmente più importanza ai risultati immediati rispetto a quelli futuri, è dato dal fatto che il 74% degli intervistati sceglieva la frutta quando avrebbe dovuto decidere cosa mangiare la settimana successiva ma, dovendo decidere subito, il 70% optava per uno *snack* al cioccolato!

Dal punto di vista della **finanza comportamentale** e della **psicologia degli investimenti**, l'osservazione empirica di Mischel appena citata dimostra l'importanza strategica del saper gestire l'attesa: infatti è abbastanza naturale voler soddisfare un bisogno immediatamente, ma la capacità di ritardare la gratificazione per ottenerne una maggiore in futuro è essenziale per fare **buone scelte finanziarie**.

Nella mia esperienza ventennale di consulente finanziario posso affermare che i clienti che hanno mantenuto gli investimenti più a lungo, senza farsi prendere dalla tentazione di liquidare troppo presto uno o più strumenti finanziari in guadagno sapendo gestire correttamente l'attesa, hanno tuttora i rendimenti di portafoglio migliori, soprattutto se sono stati bravi a sfruttare le fasi di ribasso degli indici per incrementare le posizioni a prezzi di saldo.

**PUNTO CHIAVE n. 1: il controllo sulla gratificazione immediata è il presupposto necessario per fare buone scelte di investimento.**

Puntare a guadagni di breve termine senza calcolarne i rischi (o sottovalutandoli) e lasciare la liquidità sul proprio conto corrente con la possibilità che il proprio denaro venga eroso dall'inflazione sono entrambi atteggiamenti non corretti, ma sono anche errori molto comuni, dettati da bisogni primordiali come la **paura** (di perdere) e l'**avidità** (di guadagnare). E questi impulsi richiedono di essere contrastati da una consapevolezza e da una disciplina altrettanto forti.

I dati della Banca Centrale Europea dicono che gli italiani, solo nel mese di marzo 2020 durante l'emergenza Covid-19, hanno messo da parte quasi 17 miliardi (contro una media mensile superiore ai

3), con un incremento del 250% rispetto allo stesso mese del 2019. In Italia un basso livello di educazione finanziaria, dove ci collochiamo nelle ultime posizioni tra i paesi del G20 che riuniscono le principali economie mondiali, ha come conseguenza un accumulo di liquidità eccessivo che comporta anche il rallentamento dello sviluppo dei mercati finanziari.

Inoltre, questa liquidità ha anche un costo nascosto come abbiamo visto sopra, in quanto il valore reale della moneta diminuisce a causa dell'inflazione: chi, ad esempio, non ha investito nel periodo 1998-2017 ha perso circa il 30% di ricchezza potenziale in termini reali (si veda il grafico esplicativo qui sotto).

## I soldi sotto il materasso e l'effetto dell'inflazione
### L'erosione del valore reale dei soldi

| Anno | % IT CPI | Valore reale di 100€ |
| --- | --- | --- |
| 1998 | 1.70% | 98.3 |
| 1999 | 2.10% | 96.2 |
| 2000 | 2.70% | 93.6 |
| 2001 | 2.40% | 91.4 |
| 2002 | 2.80% | 88.8 |
| 2003 | 2.50% | 86.6 |
| 2004 | 2.00% | 84.9 |
| 2005 | 2.00% | 83.2 |
| 2006 | 1.90% | 81.6 |
| 2007 | 2.60% | 79.5 |
| 2008 | 2.20% | 77.7 |
| 2009 | 1.00% | 76.9 |
| 2010 | 1.90% | 75.5 |
| 2011 | 3.30% | 73.0 |
| 2012 | 2.30% | 71.3 |
| 2013 | 0.70% | 70.8 |
| 2014 | 0.00% | 70.8 |
| 2015 | 0.10% | 70.8 |
| 2016 | 0.50% | 70.4 |
| 2017 | 1.10% | 69.6 |
| Perdita dopo 20 anni | | -30% |
| Perdita dopo 10 anni | | -21% |
| Perdita ultimi 10 anni | | -12% |

**L'inflazione può fare grandi danni, anno dopo anno, anche quando è ai minimi**

Fonte: Eurostat

3 | Fidelity Funds Global Short Duration Income Fund

**Fidelity**

La convinzione che il conto corrente sia il modo più conveniente per proteggere il proprio capitale viene condivisa sia dalle persone giovani che da quelle anziane: tralasciando coloro che affermano di non avere risparmi, in quanto preferiscono consumare interamente il proprio reddito per scelta o per necessità.

In questo contesto gli psicologi utilizzano i termini **pensiero esplicito** e **pensiero implicito**: dato che di quest'ultimo non ce ne rendiamo conto, esso può innescare azioni non meditate oppure le cosiddette non-azioni. Si può cioè decidere implicitamente di non fare nulla, senza accorgersi che anche questa è una decisione, come detenere per molti anni la liquidità ferma sul proprio conto corrente.

Agli inizi della mia attività professionale, non particolarmente fortunata perché alla bolla speculativa delle dot-com del 2000 (che analizzeremo nel prossimo capitolo) seguirono purtroppo gli attentati alle Torri Gemelle che causarono ingenti crolli degli indici finanziari almeno fino a inizio 2003, molti miei clienti preferivano gestire la liquidità nel conto di deposito della banca olandese in cui lavoravo con rendimenti che arrivavano in certi momenti anche al 4% annuo.

Rendimenti che al giorno d'oggi abbiamo dimenticato possano esistere visti i livelli dei tassi di interesse odierni praticamente vicini allo zero: quella poteva essere una decisione sicuramente corretta per un orizzonte temporale di breve termine (12-18 mesi), ma spesso veniva utilizzata dai clienti per trasferire gli investimenti azionari che avevano subito perdite anche del 50%, con l'obiettivo di mantenere il conto di deposito il più a lungo possibile senza una vera e propria **pianificazione finanziaria per obiettivi** (anche a causa della mia inesperienza che mi impediva di fornire i consigli adatti alla situazione contingente).

**Richard Thaler**, economista comportamentale, ha dimostrato che le persone tendono a inserire il denaro in "conti mentali" che poi portano a differenti modi di agire: mantenere tutto il proprio capitale (ad es. liquido sul conto corrente) significa non considerare a cosa siano destinati i miei soldi, ed essere inconsciamente più portati a spenderli.

Come asserisce David Volpe, consulente finanziario, «spostare la liquidità non necessaria invece porterà l'individuo a non utilizzarla e a destinarla ad altri scopi: trasferire i soldi dal conto corrente ad altra forma di impiego equivale ad attribuire un vero e proprio valore "psicologico", prima ancora che finanziario, al proprio denaro.

Noi italiani siamo però un popolo addirittura refrattario agli investimenti: l'idea di impiegare proficuamente il nostro capitale, sebbene sia una delle armi più importanti per la sua rivalutazione nel tempo, continua ad essere circondata da un'aura di diffidenza e trattata con molto pregiudizio» (Volpe, *3 motivi per cui è dannoso lasciare i soldi sul conto corrente*, 2019).

Il nostro paese, infatti, è caratterizzato da una scarsa adozione di strumenti di investimento: i dati della Banca d'Italia evidenziano che sono 18,5 milioni le famiglie italiane che non utilizzano prodotti finanziari.

Ed è un vero peccato perché, come si evince dal grafico qui sotto, relativo a una ricerca di *Credit Suisse*, nell'ultimo secolo il **rendimento reale medio annuo** (tenendo quindi conto dell'inflazione) è stato del 5,2% sull'azionario internazionale, del 2% sull'obbligazionario internazionale, dello 0,8% sugli strumenti monetari e del -2% sul conto corrente infruttifero.

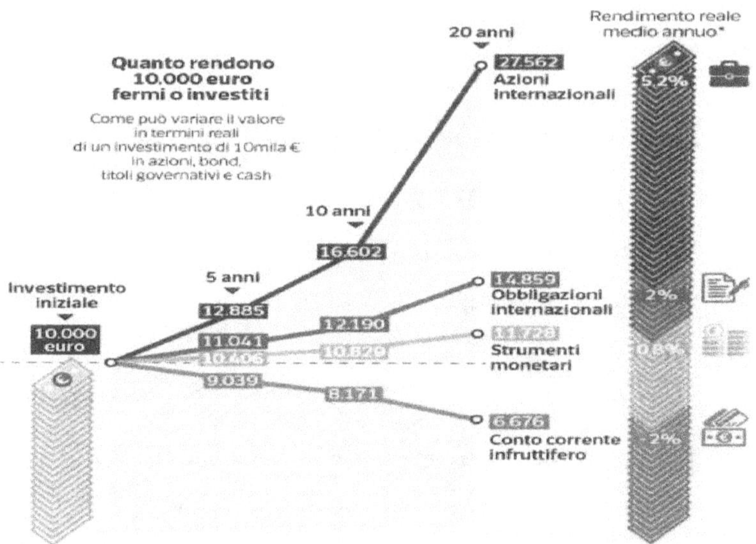

**PUNTO CHIAVE n. 2: mantenere la liquidità per troppo tempo sul conto corrente fa sì che il valore reale della moneta venga eroso progressivamente dall'inflazione e induce il risparmiatore a non definire obiettivi precisi per il proprio denaro.**

Paura e avidità sono quindi due facce della stessa medaglia degli aspetti psicologici del risparmiatore, dove per quest'ultimo è imprescindibile definire l'orizzonte temporale dei propri investimenti e la propria **propensione al rischio** (o tolleranza alla perdita).

Il **rischio** è la probabilità che il valore di un investimento risulti differente dalle aspettative e, normalmente, gli investimenti più redditizi, come quelli sul mercato azionario, sono anche i più rischiosi, perché il maggiore rendimento compensa il maggiore rischio sostenuto.

Attenzione però, perché *non esistono investimenti completamente privi di rischio*, dato che sussiste sempre l'aleatorietà dell'emittente e perché questo è il prezzo da pagare se si vuole vedere crescere il valore del proprio capitale nel tempo. Se è vero che non c'è rendimento senza rischio, è anche vero che ciascun investitore è disposto ad accettarlo in misura diversa.

La propensione al rischio non è determinata solo da esigenze di tipo finanziario (obiettivi di breve termine contro obiettivi di medio o lungo termine), ma anche da una **predisposizione di tipo psicologico e caratteriale**. Le capacità di affrontare situazioni di incertezza sono infatti molto soggettive e sono influenzate da molteplici fattori, tra i quali spiccano le caratteristiche socio-demografiche (genere, età, livello di istruzione, ecc.) e alcuni tratti personali/inclinazioni individuali dell'investitore, come l'ottimismo e la fiducia nelle proprie capacità di compiere buone scelte di investimento, nonché il livello di cultura finanziaria associato alle esperienze pregresse.

Dopo che si è realizzato un investimento in guadagno la propensione al rischio potrebbe aumentare mentre, al contrario, subire una perdita ci potrebbe portare a un atteggiamento più prudente, tenendo peraltro conto che la reazione emotiva alle perdite è sistematicamente più forte della reazione ai guadagni di pari importo (la cosiddetta **teoria del prospetto** che analizzeremo nel terzo capitolo).

Non tutti, infatti, sanno mantenere i nervi saldi di fronte al quotidiano saliscendi dei mercati e al conseguente impatto di breve periodo sul valore del proprio capitale. La domanda da porsi, quindi, non è come evitare il rischio, bensì come riuscire a gestirlo individuando il giusto equilibrio che ci soddisfi in termini di rendimento atteso: in sostanza, capire esattamente quale può essere la nostra reale **tolleranza alla perdita**.

La repentina discesa dei mercati finanziari nel mese di marzo 2020 (causa Covid) ha spaventato parecchi investitori, che hanno voluto disinvestire nel momento peggiore, ovvero vicino ai minimi di mercato: per una corretta pianificazione finanziaria invece una buona regola dovrebbe essere quella di aumentare la componente azionaria in concomitanza di una discesa degli indici e diminuirla dopo una salita per mantenere inalterati gli obiettivi di composizione percentuale stabiliti all'inizio (**ribilanciamento di portafoglio**).

**PUNTO CHIAVE n. 3: la propria propensione al rischio (o tolleranza alla perdita) è determinata da una predisposizione di tipo psicologico e caratteriale, e/o da esperienze pregresse, e ciascun investitore è disposto ad accettarla in misura diversa.**

Non possiamo infine parlare di rischio non prendendo in considerazione anche l'**orizzonte temporale** sul quale lo vogliamo calcolare: quello che è rischioso ad es. nel breve termine (come ad es. un titolo azionario) potrebbe non risultare tale in un periodo pluriennale.

Come spiega molto bene Marco Gentile, giornalista finanziario, proprio per questo è indispensabile «che l'investitore con il supporto del consulente finanziario espliciti chiaramente in quanti anni vuole portare a termine il suo obiettivo di investimento determinando la propria propensione al rischio (laddove spesso quella reale **differisce da quella percepita**), mettendo il consulente stesso nella condizione di poter meglio capire le sue esigenze e di individuare quindi la soluzione di investimento a lui più adatta» (M.Gentile in *Quantalys, I principi base della Financial Education*, 2016)

Più è lungo l'orizzonte temporale, più basso sarà il rischio di registrare maggiori scostamenti (positivi o negativi) dal rendimento medio di lungo periodo (esemplificativo in questo senso il grafico seguente).

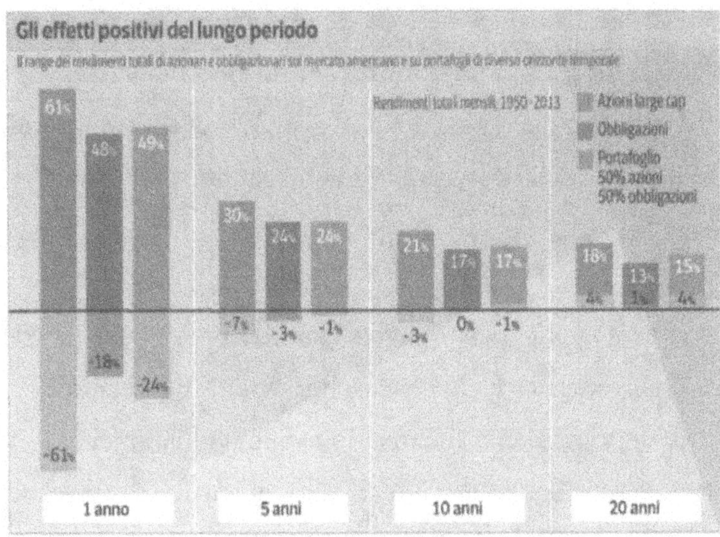


Figura 3 **Portafogli azionari, obbligazionari e bilanciati**

Ancora rendimento e tempo messi a confronto.

Fonte: J.P. Morgan Asset Management

Prendendo in considerazione un periodo di analisi di quasi 65 anni, mentre dopo solo un anno tutte e tre le tipologie di portafogli (obbligazionari, bilanciati e azionari) possono avere scostamenti negativi rilevanti, passando rispettivamente da -18 a -24 e -61%, dopo 5 e 10 anni le perdite rilevate si riducono (da -7 a 0%) arrivando a essere nulle in un periodo ventennale (**effetti positivi del lungo periodo**).

**PUNTO CHIAVE n. 4: più è lungo l'orizzonte temporale, più contenuta sarà la dispersione dei rendimenti.**

**Diversificare i propri investimenti** è una vera e propria regola d'oro quando si costruisce un portafoglio. Concentrare tutto il patrimonio su pochi mercati o strumenti finanziari, infatti, è rischioso nella misura in cui si rimane eccessivamente legati alle sorti di questi ultimi.

Volendo fare un esempio pratico con il portafoglio globale di un mio cliente con una ventina di strumenti finanziari di cui la maggior parte con rendimenti positivi e solo pochi negativi, alcune volte mi ha fatto notare (ma non è il solo) perché siano stati inseriti prodotti che dopo diversi anni sono ancora in rosso…

In questo senso è fondamentale considerare **il rendimento del portafoglio nella sua globalità** e non a livello di singolo strumento finanziario, inserendo attività finanziarie che variano con diversa intensità, in modo tale da ridurre il rischio totale.
Il mercato azionario mondiale è infatti la sommatoria di tutti gli indici internazionali a livello globale ed è meno volatile (e quindi meno rischioso) di tutte le sue singole componenti.

Come si può notare dalla figura successiva, avere un livello corretto di diversificazione significa scegliere le **aree geografiche** sulle quali investire e detenere un'esposizione adeguata ai diversi **settori** e alle diverse **valute**: spesso, infatti, i portafogli di molti investitori risultano troppo poco diversificati, con rischi di concentrazione, ovvero con quote troppo alte di singoli titoli, settori o mercati.

Dato che uno degli errori classici di finanza comportamentale è proprio quello di sbilanciare i propri investimenti nella nazione dove si è residenti (come vedremo nel terzo capitolo), perché la presunzione è quella di conoscere meglio (erroneamente) le aziende di casa nostra, è importante capire che all'interno dell'indice contenente migliaia di titoli a livello globale (**MSCI World Index**) il peso degli Stati Uniti è più della metà, mentre quello dell'Italia non raggiunge l'1%.

Un portafoglio che investe in azioni mondiali, se correttamente costruito, dovrebbe quindi avere al proprio interno una percentuale superiore al 50% dell'indice più efficiente al mondo, ovvero quello americano.

Oltre a una corretta diversificazione, può essere inoltre auspicabile utilizzare **strumenti finanziari poco correlati tra loro** perché riducono il rischio di portafoglio (ad esempio, a una discesa degli indici azionari generalmente corrisponde una salita dei metalli preziosi, in quanto l'oro viene considerato come bene rifugio nei momenti di crisi).

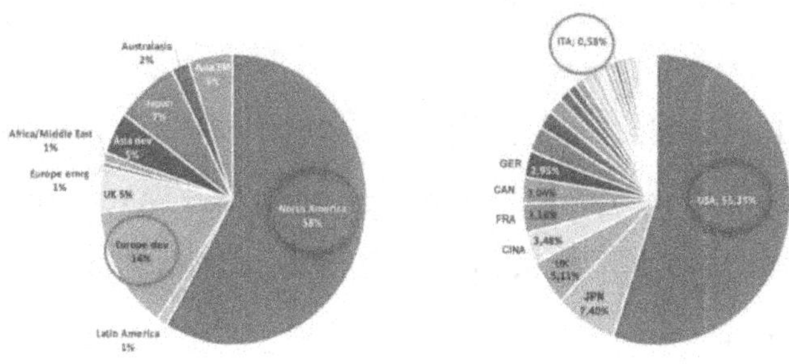


**PUNTO CHIAVE n. 5: avere un buon livello di diversificazione significa scegliere correttamente le aree geografiche sulle quali investire e detenere un'esposizione adeguata ai settori e alle valute, cercando di evitare pericolose concentrazioni di investimenti.**

Sir John Mark Templeton è nato nel 1912 a Winchester, nel Tennessee, ed è scomparso nel 2008, alla veneranda età di 95 anni. Laureato con lode a Yale, vinse una borsa di studio a Oxford e poi passò tutta la vita a rendere accessibili analisi e opportunità d'investimento a tutti gli investitori americani che lo ascoltavano.

Templeton affermava: «Il periodo di massimo pessimismo è il migliore per comprare e il periodo di massimo ottimismo è il migliore per vendere». Non credeva nel principio di seguire la massa ed era un pioniere con una concezione e una prospettiva uniche, il cui duro lavoro e la cui meticolosa ricerca costituivano le sue chiavi personali per il successo.

John Templeton può essere considerato il creatore dei moderni fondi comuni d'investimento, tanto che lanciò il suo primo fondo globale, il Templeton Growth Fund, nel 1954, quando la concezione d'investimento della maggior parte dei risparmiatori americani non andava oltre Wall Street, ossia oltre i confini degli Stati Uniti. Fu uno dei primi a proporre i titoli internazionali sia come opportunità d'investimento sia come strumento di diversificazione per i portafogli.

Come abbiamo visto, i risparmiatori non si comportano necessariamente da individui razionali, ma i motivi psicologici, i pregiudizi e le emozioni influenzano il comportamento economico delle persone. Infatti, quando gli indici azionari raggiungono massimi di mercato, nel punto di alto rischio finanziario è il sentimento dell'**euforia** a dominare i comportamenti, mentre, al contrario, dopo significativi e forti ribassi degli indici, tra gli investitori può manifestarsi il **panico**.

Vediamo ora, nel dettaglio, le **fasi psicologiche degli investitori** che generalmente si ripetono con uno schema ben consolidato.

## Fase 1 - Prima ondata rialzista

Il mercato inizia a salire dal punto di minimo nella perplessità generale, dopo un periodo di recessione che ha causato forti ribassi degli indici azionari. La maggior parte degli investitori non partecipa a questa prima fase di rialzo, ancora spaventata e convinta che il peggio non sia ancora alle spalle.

Iniziano a muoversi gli **investitori istituzionali** (le cosiddette "mani forti") che fiutano l'opportunità (nel grafico a pag.31 siamo tra *l'avvilimento e la speranza*).

## Fase 2 – Correzione

Generalmente questa discesa inganna molti partecipanti che ritengono si tratti di una continuazione del *downtrend* precedente. Le "mani forti" cominciano ad acquistare sempre di più mentre i **piccoli investitori** rimangono ancora perplessi.

## Fase 3 – Seconda ondata rialzista

È provocata da un miglioramento dei fondamentali dell'economia, con il superamento dei massimi fatti registrare precedentemente.

La gran parte degli operatori entra nel mercato e gli istituzionali continuano ad accumulare/terminare gli acquisti.

Entrano anche i piccoli investitori (nel grafico, tra *il conforto e l'ottimismo*).

## Fase 4 – Correzione/andamento laterale

Questa fase viene vista come un'opportunità di ingresso da parte degli investitori che non avevano partecipato ai precedenti rialzi. Per questo motivo, più che di vere e proprie correzioni, molto spesso si tratta di brevi movimenti orizzontali di tipo accumulativo.

## Fase 5 – Terza ondata rialzista

È quella del rialzo finale ed è dominata da un *sentiment* di euforia generale, vengono toccati i massimi di mercato e tutti gli investitori, anche quelli rimasti dubbiosi fino a questo momento, entrano nel mercato.

Le "mani forti" iniziano pian piano a liquidare le posizioni, mentre i piccoli investitori acquistano "a mani basse" (nel grafico, tra *l'eccitazione e l'euforia*).

## Fase 6 – Prima ondata ribassista

Il mercato scende di colpo, nonostante i fondamentali economici supportino una continuazione del momento favorevole: gli operatori non riescono a motivare l'inversione di tendenza, mentre alcuni investitori, in questa discesa, vedono una fantastica occasione d'acquisto.

Gli istituzionali sono già quasi tutti fuori dal mercato, mentre alcuni piccoli investitori iniziano a chiedersi se sia arrivato il momento di vendere, anche in perdita (nel grafico ci troviamo *tra l'ansia e la paura*).

## Fase 7 – Rally temporaneo

Si tratta di una breve reazione al rialzo che fa supporre (erroneamente) ad alcuni operatori che l'ascesa del *trend* sia intatta.

## Fase 8 – Seconda ondata ribassista

Discesa profonda del mercato che non solo fa registrare pesanti perdite alla massa dei piccoli investitori, ma provoca la rottura di importanti livelli degli indici sancendo così l'inizio di un mercato "orso". I fondamentali economici segnalano un rallentamento dell'economia contribuendo a diffondere il pessimismo fra i vari operatori: si verifica il massimo livello di *sentiment* ribassista (*disperazione, panico e capitolazione*).

Al culmine del ribasso, molti piccoli investitori chiudono le posizioni rialziste aperte precedentemente quando gli indici di mercato erano già saliti notevolmente, sopportando ingenti perdite; non vorranno più sentir parlare di mercati azionari per anni, ma in futuro si comporteranno nuovamente nel modo descritto in precedenza, ripetendo gli stessi errori.

A questo punto si aprirà un altro ciclo economico (che dura mediamente cinque/sei anni) che ripartirà dalla fase 1.

È opportuno sottolineare che queste fasi di mercato non si verificano sempre con le modalità e le tempistiche descritte, e quindi non devono assolutamente pregiudicare o far cambiare le scelte strategiche di **pianificazione finanziaria** che sono state stabilite da ciascun risparmiatore all'inizio del proprio piano di investimenti.

Nessuno è in grado di prevedere in anticipo l'andamento, spesso irrazionale, dei mercati finanziari e un investitore, nel corso della sua vita, potrà effettivamente attraversare numerosi cicli economici di questo tipo, che non devono far "perdere la bussola" sugli obiettivi precedentemente stabiliti con il proprio consulente finanziario (anche se ogni tanto capita che qualche cliente ci consideri dei veri e propri "veggenti" in grado di formulare previsioni "ad hoc": purtroppo non è così!).

Fonte: Finanzaonline

**PUNTO CHIAVE n. 6: come diceva Sir John Templeton, il periodo di massimo pessimismo è il migliore per comprare, quello di massimo ottimismo lo è per vendere.**

La finanza comportamentale è quindi la scienza che studia il comportamento dei risparmiatori. Sono numerosi gli studi che hanno dimostrato, in modo concreto, che riuscire a dominare la propria emotività può dare risultati migliori rispetto a studiare l'andamento dei mercati o cercare di analizzare fenomeni macroeconomici.

Capirsi meglio e analizzare i propri atteggiamenti in relazione alla gestione dei risparmi è indispensabile per affrontare il mondo degli investimenti con meno ansie e timori.

Come ben asserisce Lorenzo Marconi, analista finanziario ed esperto di finanza comportamentale, «gli investitori cercano risposte autorevoli dalla propria banca o dal proprio consulente finanziario, ma troppo spesso si dimenticano della centralità della propria figura: in altre parole, cercano sempre all'esterno le risposte e mai al proprio interno, come se la gestione del risparmio, dal punto di vista delle responsabilità, fosse una cosa che riguarda sempre gli altri e mai se stessi».

«L'investitore inconsciamente oscilla – continua Marconi – tra due opposti estremi: la paura e l'avidità. Paura di perdere il proprio denaro (o di perdere il treno del rialzo) e l'avidità del guadagno. Queste due pulsioni, entrambe negative, spingono a comportamenti emotivi ed errati».

In sostanza, le decisioni di investimento andrebbero condivise con la propria banca o con il proprio consulente finanziario in base agli obiettivi di investimento stabiliti all'inizio, senza lasciare che la paura e l'avidità ci facciano allontanare troppo spesso dalle strategie scelte.

Prosegue, infatti, Marconi: «La soluzione sta nell'accettazione della perdita come scelta consapevole di un percorso d'investimento che corrisponda a quello che il risparmiatore desidera, nel rispetto dei principi fondamentali che regolano un investimento: **rischio**, **rendimento** e **tempo**. L'investitore deve affrontare con franchezza e serenità le tematiche del rischio e delle sue implicazioni perché si possa generare un rendimento: e il tempo deve essere utilizzato come variabile fondamentale per il raggiungimento della meta nel percorso ideale dell'investimento».

RIEPILOGO DEL CAPITOLO 1:

- PUNTO CHIAVE n. 1: il controllo sulla gratificazione immediata è il presupposto necessario per fare buone scelte di investimento.

- PUNTO CHIAVE n. 2: mantenere la liquidità per troppo tempo sul conto corrente fa sì che il valore reale della moneta venga eroso progressivamente dall'inflazione e induce il risparmiatore a non definire obiettivi precisi per il proprio denaro.

- PUNTO CHIAVE n. 3: la propria propensione al rischio (o tolleranza alla perdita) è determinata da una predisposizione di tipo psicologico e caratteriale, e/o da esperienze pregresse, e ciascun investitore è disposto ad accettarla in misura diversa.

- PUNTO CHIAVE n. 4: più è lungo l'orizzonte temporale, più contenuta sarà la dispersione dei rendimenti.

- PUNTO CHIAVE n. 5: avere un buon livello di diversificazione significa scegliere correttamente le aree geografiche sulle quali investire e detenere un'esposizione adeguata ai settori e alle valute, cercando di evitare pericolose concentrazioni di investimenti.

- PUNTO CHIAVE n. 6: come diceva Sir John Templeton, il periodo di massimo pessimismo è il migliore per comprare, quello di massimo ottimismo lo è per vendere.

# Capitolo 2:

## Le bolle speculative del passato

«Posso calcolare il movimento delle stelle, ma non la pazzia degli uomini»
*Sir Isaac Newton*
[*dopo aver perso una fortuna, ovvero 20.000 sterline del 1920 pari a circa 4 milioni di euro di oggi, nella bolla speculativa della South Sea Company*]

Con l'espressione **bolla speculativa** gli economisti indicano un veloce aumento della domanda di un determinato *"asset"* che conduce i prezzi dello stesso a un livello non giustificato dai suoi fondamentali (Cappabianca, *Le determinanti delle bolle speculative*, 2012).

Il prezzo raggiunto non determina assolutamente il valore reale del bene in oggetto ed è sufficiente che si verifichi una qualsiasi causa per portare un clima di sfiducia generalizzato all'interno del mercato di riferimento (finanziario, valutario o immobiliare), che porta a un crollo repentino del prezzo stesso e al conseguente "scoppio della bolla".

Conoscere le bolle speculative del passato ci aiuta a comprendere a che livelli di insensatezza possono condurre i concetti, già citati, di avidità e paura. Infatti sono mirabili esempi comportamentali della cosiddetta **psicologia di massa**, ovvero lo studio dell'influsso dei fenomeni collettivi sul comportamento individuale (*Wikipedia*, l'Enciclopedia Libera).

I fattori che producono queste fiammate speculative possono riguardare cambiamenti tecnologici che creano un alto senso di fiducia/euforia generale oppure l'introduzione nel mercato finanziario di un nuovo strumento di speculazione che entusiasma gli investitori (come attualmente è rappresentato dalle criptovalute e in particolare dal Bitcoin).

Analizziamo adesso la prima bolla speculativa della storia, la **bolla dei tulipani**, che si verificò in Olanda nel diciassettesimo secolo conducendo il settore economico della nazione in una profonda recessione.

Nel 1554 Ghiselin de Busbecq, ambasciatore fiammingo dell'Impero Ottomano, fece arrivare al botanico reale Carolus Clusius che risiedeva nei Paesi Bassi, alcuni bulbi di un fiore mai visto: in Turchia era chiamato *tulbent*, che significa turbante. Clusius fu talmente affascinato dal fenomeno della "rottura dei tulipani", cioè quando si originano le diverse varietà del fiore, che si fece iniziatore della loro coltivazione in Olanda e, nel 1560, quando le navi provenienti dalla Turchia arrivarono cariche di bulbi di tulipano questo nuovo fiore si estese nei campi fiamminghi (Grassino, *Il tulipano e la storia di come arrivò in Europa*, 2017).

Jacob Van der Buerse, mercante la cui araldica famigliare è costituita con uno scudo al cui interno ci sono tre borse (da qui potrebbe addirittura derivare il termine "Borsa Valori"), comprese il valore di questo fiore iniziando a promuoverne le contrattazioni.

Il fiorente commercio d'oltreoceano e il desiderio delle classi emergenti di nobilitarsi fece sì che questi fiori esotici diventassero dei veri *status symbol*: nuove e coloratissime varietà di tulipani erano al centro degli scambi e i ricchi mercanti fiamminghi iniziarono a contendersi i bulbi più interessanti facendo aumentare ancora di più il prezzo.

Così un cronista di un giornale dell'epoca, nel 1635, raccontava un fatto al quale aveva assistito: «Oggi un contadino ha acquistato un singolo bulbo del raro tulipano chiamato Viceré, pagando per esso: otto maiali, quattro buoi, dodici pecore, due carichi di grano, quattro carichi di segale, due botti di vino, quattro barili di birra, due barilotti di burro, mille libbre di formaggio, un letto completo di accessori, un calice d'argento e un vestito, per un valore totale di 2.500 fiorini». Al valore attuale, circa 30.000 euro. (Perantoni, *Il fiore che fece impazzire il mondo: la bolla dei tulipani del 1637*, 2017).

Alle nuove varietà di tulipano, quasi 200, vennero dati nomi con sempre più enfasi: Generale, Ammiraglio, Viceré, arrivando a celebrare perfino personaggi storici come Scipio e Alessandro Magno. La rarità divenne ben presto la condizione principale per far aumentare il prezzo: il *Semper Augustus*, il bulbo più famoso, raggiunse la cifra record di 6.000 fiorini (per rendersi conto della vera e propria "psicologia di massa" che si era creata basti ricordare che il reddito medio di un lavoratore dell'epoca era di 150 fiorini annui).

La speculazione rampante costrinse molte persone a vendere i propri terreni e le proprie case pur di investire nei tulipani, attirandosi la satira feroce di artisti che li ritrassero come "scimmie impazzite".

Jan Bruegel il Giovane, Satira della Tulipomania, 1640 ca, Frans Hals Museum, Haarlem

Un giornalista scozzese, nel 1841, descrisse con dovizia di particolari cosa era successo in Olanda due secoli prima: «Dapprima, come avviene nelle infatuazioni per i giochi d'azzardo, la fiducia era alle stelle e tutti guadagnavano. Operatori in tulipani speculavano sull'aumento e sulla diminuzione delle scorte di bulbi e realizzavano lauti profitti acquistando quando i prezzi cadevano, vendendo quando salivano. Molti divennero improvvisamente ricchi, un'esca dorata penzolava invitante davanti alla gente e, uno dopo l'altro, tutti si precipitavano agli empori di tulipani come mosche intorno a un barattolo di miele.

Ciascuno era convinto che la passione per i tulipani sarebbe durata per sempre e che i ricchi di ogni parte del mondo avrebbero trasmesso i loro ordini in Olanda e avrebbero pagato qualsiasi prezzo fosse stato loro chiesto. Persone di ogni ceto convertirono le loro proprietà in contante per investirlo in fiori. Case e terre erano offerte in vendita a prezzi rovinosamente bassi o dati in pagamento di contratti conclusi al mercato dei tulipani. Gli stranieri furono colpiti dalla stessa frenesia e il denaro affluì in quella terra da tutte le direzioni».

Dato che non era così facile desumere, dall'aspetto del fiore, se questo rispecchiasse fedelmente la qualità dichiarata dal venditore, le frodi erano molto frequenti e un singolo contratto poteva essere venduto anche ripetute volte nello stesso giorno. Tutta l'economia olandese fu penalizzata da questa euforia generale, tanto che i prezzi dei beni di prima necessità iniziarono a salire, gravando soprattutto sulla popolazione meno abbiente.

Anche i francesi, colpiti dall'avidità del guadagno facile, vollero entrare nel business del tulipano, e questo non fece altro che aumentarne sempre più il valore, tanto che nel settembre del 1636 i prezzi s'impennarono vertiginosamente. Il rialzo proseguì impetuoso fino a gennaio del 1637, ma nel mese di febbraio, improvvisamente, la bolla speculativa esplose: si diffuse un panico generalizzato che, in sei settimane, portò il prezzo a calare del 90%, facendo perdere ingenti cifre a numerosi investitori. Fu la fine della "tulipomania".

Una seconda bolla speculativa degna di nota, che condusse alla più grande perdita degli indici americani che la storia ricordi, è rappresentato dal **crollo di Wall Street del 1929**, successivo a un *boom* borsistico protratto per tutti gli anni Venti, che portò gli USA, all'inizio degli anni Trenta, alla più grave recessione di sempre. Quel giorno di fine ottobre, in cui tutti gli indici finanziari mondiali collassarono, passò alla storia come il "Giovedì nero" e segnò l'inizio della Grande Depressione.

La gestione inadeguata della crisi da parte di governi e banche centrali e l'insufficiente comprensione della complessità raggiunta dai mercati finanziari negli Anni Venti fece deflagrare una bolla che si era gonfiata con il clima euforico del periodo successivo alla prima guerra mondiale, con le nazioni europee impegnate a distruggersi a vicenda e le banche americane intente a prestare capitali soprattutto a Francia e Regno Unito, concludendo affari d'oro.

Questi capitali alimentarono i "ruggenti anni Venti", il decennio di crescita economica raffigurato in romanzi come *Il grande Gatsby,* e dato che all'epoca non esistevano gli strumenti adeguati che ci sono oggi per valutare il merito di un creditore, sebbene qualcosa di simile sarebbe successo quasi un secolo più tardi con i famigerati mutui *subprime*, le banche statunitensi erano talmente floride che iniziarono a concedere prestiti senza controllare attentamente la situazione finanziaria di coloro che li ricevevano.

(Il Post, *Il Giovedì nero del 1929*, 2019).

Nel frattempo, la Banca Centrale Americana (Federal Reserve o FED, secondo il celebre abbreviativo), iniziava a preoccuparsi del surriscaldamento della situazione economica e si domandava fino a che punto avrebbe potuto permettere una crescita così disordinata. In questo senso, nel 1928, impose a tutte le banche commerciali di aumentare le proprie riserve d'oro e di raggiungere obbligatoriamente lo stesso livello del denaro in circolazione: ciò significò il blocco improvviso di tutte le operazioni e in particolare dei prestiti.

Mantenne inoltre i tassi di interesse inspiegabilmente alti (compiendo un errore strategico) e come conseguenza, durante il 1929, la produzione di acciaio rallentò, le vendite di auto scesero vistosamente e il numero di coloro che dichiaravano bancarotta perché non erano più in grado di ripagare i propri debiti iniziò ad aumentare in maniera preoccupante.

Alla fine di ottobre, tra giovedì 24 e il crollo finale di lunedì 28, la Borsa USA collassò: la crisi economica era già iniziata e sarebbe durata anche dopo una timida ripresa degli indici azionari e le conseguenze si fecero sentire anche in tutto il resto del mondo.

Mentre la bolla del 1929 causò la più devastante discesa del Dow Jones nell'arco di tre anni, con una perdita superiore all'80%, **il crollo di Wall Street** di lunedì **19 ottobre 1987** ha delle caratteristiche peculiari soprattutto per la durata, in quanto nel 1929 ci vollero 25 anni per recuperare tutto il terreno perso; la repentina discesa del 1987 fu invece riassorbita in pochi mesi e ci vollero meno di due anni per toccare un nuovo record storico.

Nel 1987, in un solo giorno, l'indice Dow Jones perse il 22,6% del proprio valore: oltre 500 miliardi di dollari persi nel più grande crollo giornaliero di tutti i tempi (Traderpedia, *Il crollo del 1987)*.

Un così grande ribasso fu estremamente contagioso e, per la fine di ottobre, la Borsa di Hong Kong e quella australiana persero più del 40%, quelle europee circa il 30%: subito venne alla mente il ricordo della Grande Depressione degli anni Trenta. Ma grazie all'intervento tempestivo e congiunto delle Banche Centrali, che capirono gli errori strategici compiuti sessanta anni prima, si impedì che un'ondata di fallimenti mandasse in crisi il sistema finanziario internazionale.

Ma che cosa era successo? Nonostante l'indice Dow Jones raggiunse nell'agosto di quell'anno il valore più elevato dell'ultimo quinquennio, non fu data molta importanza a questa strepitosa salita, tanto che nei giornali economici si discuteva di più sui cosiddetti *"margin loans"*, ovvero i crediti che venivano concessi ai clienti delle banche in cambio di titoli azionari dati in garanzia.

Questa tecnica, utilizzata anche oggi per incrementare i propri investimenti con la liquidità presa a prestito, fu certamente una delle cause del *"flash crash"* giornaliero dell'indice americano, in quanto funzionava bene quando il mercato saliva ma, nel caso opposto, poteva arrecare ingenti perdite. Una seconda causa venne ricercata attraverso i programmi computerizzati di *"stop loss"*, quelli cioè che chiudono la transazione automaticamente al raggiungimento di un valore minimo prefissato, che avrebbero amplificato le vendite sul mercato asiatico inducendo gli operatori americani a fare altrettanto.

Sul piano economico-finanziario, in realtà, non ci fu alcuna causa particolare ad avere provocato la discesa repentina: l'economia USA andava molto bene (siamo negli anni della *Reaganomics*) e il Dow Jones aveva comunque recuperato già metà delle perdite prima della fine del mese, chiudendo il 1987 in rialzo su base annua (Timpone, *19 ottobre 1987:il lunedì nero di Wall Street,* 2017*)*.

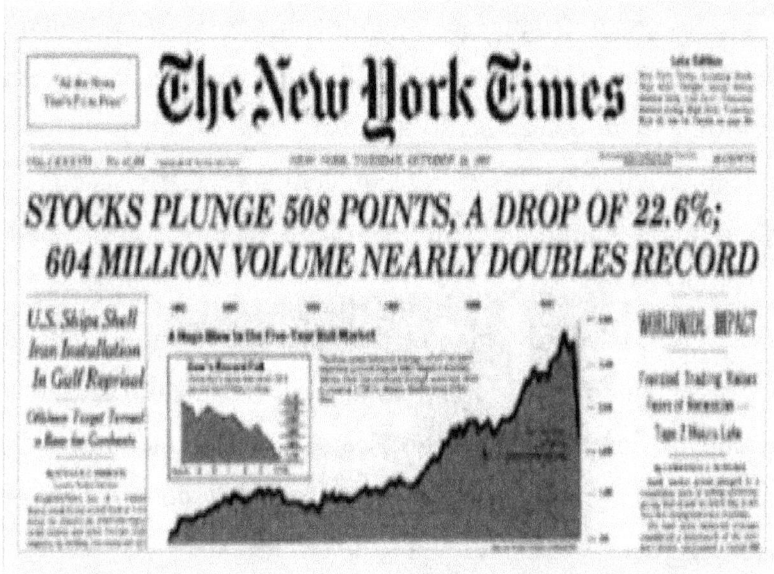



Questa crisi, quindi, fu causata più da fattori tecnici che da fattori economici: l'informatizzazione avanzata era ancora lontana dalla perfezione e i programmi basati sugli algoritmi (*High Frequency Trading*) non erano raffinati come al giorno d'oggi, dove consentono la sospensione delle contrattazioni per i titoli azionari che accusino perdite superiori a una certa percentuale e non più la chiusura automatica delle transazioni in corso al raggiungimento di un valore minimo impostato.

"L'effetto gregge" rappresenta uno degli errori classici commessi dagli investitori che vedremo nel prossimo capitolo, e un esempio straordinario in questo senso si è verificato all'inizio del nuovo millennio, quando il settore tecnologico registrò una crescita straordinaria in tutto il mondo: la **bolla delle dot-com del 2000**.

Come afferma Piero Cingari, giornalista finanziario, «numerosi esperimenti di finanza comportamentale hanno dimostrato che, quando le informazioni sono scarse, le persone preferiscono replicare cosa fanno gli altri piuttosto che ascoltare la propria logica: copiare le azioni di una massa di investitori ci tranquillizza se pensiamo che gli altri possono avere accesso a informazioni che noi non possediamo. Inoltre, siamo disposti a seguire il "gruppo" anche a costo di screditare le nostre stesse convinzioni, poiché riteniamo improbabile che un numero così grande di individui possa avere torto».

In quegli anni era sufficiente che una società avesse il prefisso "e-" o il suffisso ".com" per attirare l'attenzione di moltissimi investitori. L'avvento di **Internet** aveva generato un'euforia generale e ogni criterio di valutazione delle aziende basato sui fondamentali fu superato dalle nuove teorie della **new economy** che stabilivano che le società avrebbero conseguito ingenti profitti solo grazie al web (Cingari, *L'effetto gregge è uno dei principali comportamenti che determinano la nascita delle bolle speculative,* 2017*).*

Il **Nasdaq** (National Association of Securities Dealers Automated Quotation), l'indice dei principali titoli tecnologici della Borsa americana, in soli 4 anni quintuplicò, passando dai 1.058 punti del 1996 al massimo di 5.048 punti nel marzo del 2000, facendo un top storico che resistette parecchi anni prima di essere nuovamente raggiunto e superato.

Improvvisamente, però, a fine marzo di quell'anno, la pubblicazione dei bilanci aziendali evidenziò i deludenti risultati economici realizzati dalle aziende tecnologiche che invece avevano avuto paradossalmente dei *rally* borsistici straordinari: molti investitori si precipitarono in massa a vendere i titoli in questione prima che si svalutassero ulteriormente.

Il Nasdaq, in tre giorni, perse quasi il 9% e la bolla era scoppiata, ma era solo agli inizi: nel 2003, infatti, l'indice tecnologico americano tornò agli stessi valori del 1996 e, per capire come si fosse potuto verificare un evento del genere, è opportuno considerare il fatto che furono stravolte tutte le regole classiche di valutazione delle società stesse, dato che non venivano più utilizzati i metodi abituali degli utili prodotti, della liquidità di cassa, dei beni materiali posseduti, ecc.

Le società non guadagnavano quasi nulla e cercavano di finanziare le proprie spese con le sottoscrizioni e gli aumenti di capitale: la regola da seguire era quella che asseriva che, per sopravvivere, si dovesse incrementare il più velocemente possibile la base clienti attraverso costose campagne pubblicitarie, anche a costo di subire ingenti perdite annuali.

L'11 gennaio del 2000 America Online, una società tra le più quotate dagli investitori e pioniera di Internet, acquistò Time Warner, la più grande società di media del mondo, divenendo **Aol Time Warner**. Fu una notizia che fece scalpore perché la "new economy" stava vincendo la sfida contro la "old economy". (Traderpedia, *La bolla speculativa Dot Com*).

Ma si trattava di un fuoco di paglia: a ottobre 2003, dopo il pieno sgonfiamento della bolla speculativa, Time Warner eliminò "Aol" dal proprio nome.

Concludiamo questo capitolo con una delle maggiori crisi a livello mondiale che, per effetto della discesa degli indici azionari, è seconda solamente a quella del 1929, ovvero quella dei **mutui subprime** che portò al fallimento della **Lehman Brothers**. *Subprime* è un termine inglese che indica quei prestiti che vengono concessi a un soggetto che non può accedere ai tassi di interesse di mercato, in quanto ha avuto problemi pregressi nella sua storia di debitore.

Negli anni precedenti al 2008, il settore immobiliare negli USA aveva subito un notevole sviluppo, e per fare fronte a una richiesta sempre maggiore di mutui le banche iniziarono a concedere prestiti per l'acquisto della casa anche a famiglie con redditi medio-bassi che non potevano realmente permettersi tale spesa.

Ogni cittadino, quindi, aveva la possibilità di acquistare casa con un mutuo con un tasso di interesse vantaggioso: questo però, da contratto, sarebbe salito in maniera esponenziale dopo i primi anni di prestito, proprio per la poca affidabilità dei soggetti sottoscrittori, clausola che spesso non veniva resa evidente dalle banche stesse (StartingFinance, *La crisi del 2008 spiegata in due minuti,* 2017).

Dato che i *subprime* americani, cioè i debiti sulle case, furono "impacchettati" in prodotti finanziari derivati che successivamente vennero venduti in tutto il mondo, cominciarono i primi problemi a livello internazionale in quanto le rate dei mutui con il passare del tempo iniziarono a diventare sempre più care e molti cittadini statunitensi, non potendo più sostenere i propri impegni mensili, andarono incontro a problemi devastanti come il pignoramento della propria abitazione.

Il settore immobiliare iniziò ad andare in crisi profonda e conseguentemente il valore degli strumenti finanziari ad esso collegati subì un crollo verticale: molte banche ebbero notevoli problemi finanziari e perdite tali da portare al **fallimento,** nel 2008, **di Lehman Brothers**, storico istituto finanziario americano costituito nel lontano 1850 e tra le più grandi banche d'affari del mondo.

Lehman Brothers, infatti, non erogava mutui ma li acquistava dalle finanziarie che li emettevano per utilizzarli come garanzia per i derivati di cui sopra e si era esposta enormemente nel settore dei *subprime*. Lehman era quindi piena di titoli tossici e quando si capì che anche il governo americano non sarebbe potuto intervenire per salvarla, il 15 settembre 2008 ci fu il fallimento della più grossa banca che la storia ricordi.

**PUNTO CHIAVE n. 7: conoscere le bolle speculative del passato ci aiuta a comprendere a che livelli di insensatezza possono condurre i concetti di avidità e paura nella psicologia di massa e a migliorare sensibilmente la nostra consapevolezza finanziaria.**

La **volatilità** è un indice della variazione percentuale dei prezzi di uno strumento finanziario nel tempo (*Wikipedia*, l'Enciclopedia Libera): viene calcolata attraverso la *deviazione standard*, come vedremo quando analizzeremo l'indice di Sharpe come strumento per valutare l'efficienza di un investimento. Più la volatilità sale, maggiore è il rischio dello strumento stesso: generalmente questa è compresa tra il 3 e il 5% per gli indici obbligazionari e tra il 15 e il 25% per quelli azionari.

L'indice **Vix** è un indicatore della volatilità implicita delle opzioni sullo **Standard & Poors 500**, l'indice più rappresentativo della Borsa americana, ed è chiamato "l'indice della paura" perché, normalmente, a un suo aumento vertiginoso corrispondono corpose correzioni di mercato.

La volatilità fa quindi riferimento all'incertezza e, intuitivamente, va correttamente rapportata anche all'orizzonte temporale scelto dall'investitore, in quanto gli strumenti finanziari con maggiore variazione dei prezzi generalmente richiedono un periodo di detenzione più lungo, proprio perché l'andamento di breve è meno prevedibile (Moneyfarm, *Volatilità*).

Tra il livello atteso di rendimento e la volatilità dello strumento utilizzato, che a sua volta esprime il grado di rischio corso, esiste quindi una correlazione diretta.

Qui sotto il grafico riporta, nel periodo 2009-2020, tutte le correzioni del mercato statunitense (indice S&P 500) maggiori del

5%: come si può notare, non esistono anni in cui la volatilità non aumenti (a volte di più, a volte di meno), creando negli investitori reazioni emotive che potrebbero mettere in discussione le scelte di pianificazione finanziaria stabilite da ciascuno e che, invece, devono sempre seguire un metodo rigoroso fin dall'inizio.

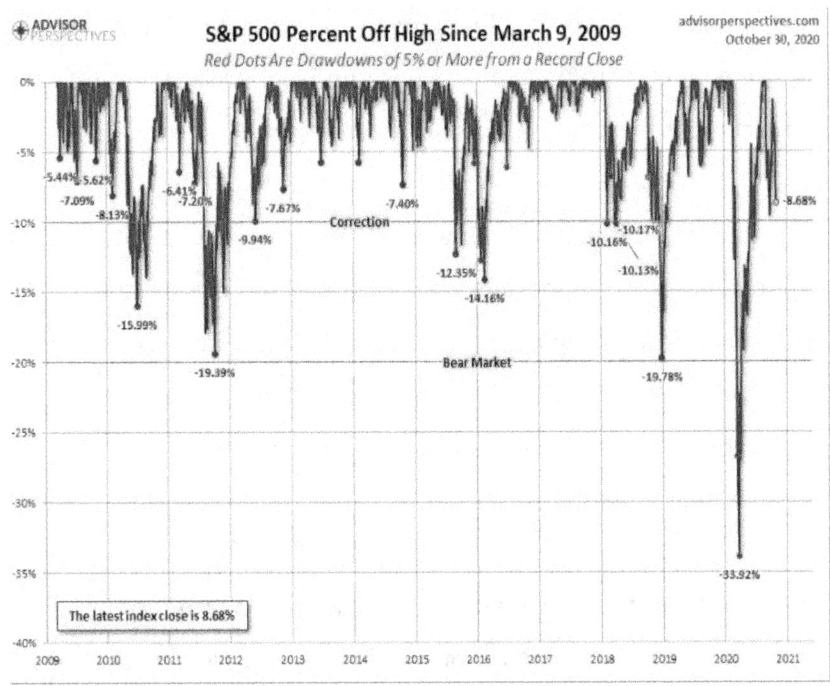


Non è infatti un caso se un mercato rialzista medio ha una durata di 72 mesi e un rendimento del 279% (aree blu), mentre un mercato ribassista dura mediamente 14 mesi con una performance negativa del 33% (aree rosse).

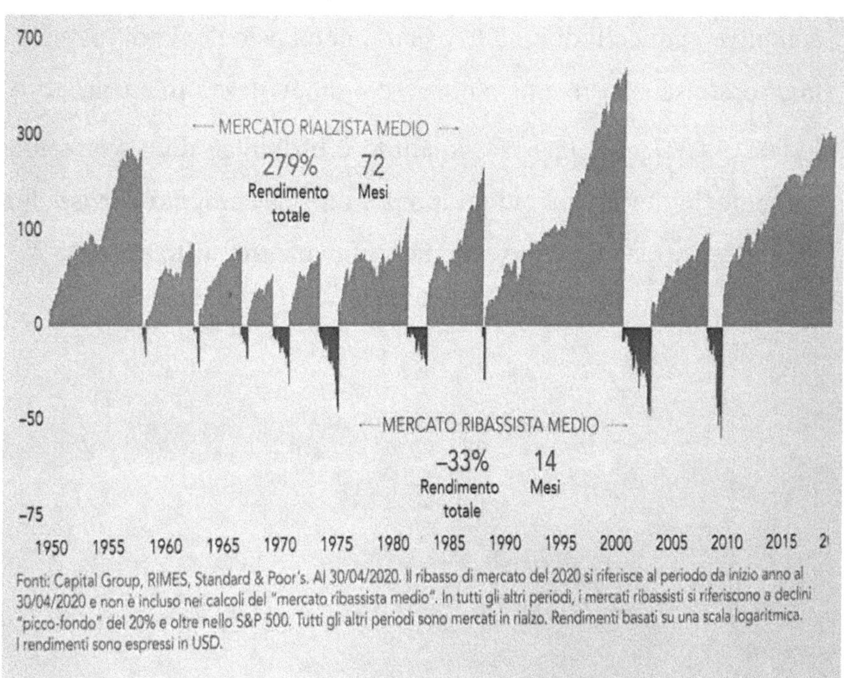


**PUNTO CHIAVE n. 8: la volatilità è un indice della variazione percentuale dei prezzi nel tempo e a un suo aumento corrisponde un maggiore rischio dello strumento finanziario utilizzato.**

RIEPILOGO DEL CAPITOLO 2:

- PUNTO CHIAVE n. 7: conoscere le bolle speculative del passato ci aiuta a comprendere a che livelli di insensatezza possono condurre i concetti di avidità e paura nella psicologia di massa e a migliorare sensibilmente la nostra consapevolezza finanziaria.

- PUNTO CHIAVE n. 8: la volatilità è un indice della variazione percentuale dei prezzi nel tempo e a un suo aumento corrisponde un maggiore rischio dello strumento finanziario utilizzato.

# Capitolo 3:

# I 12 principali errori negli investimenti

«I mercati finanziari oscillano, è nella loro natura. Apprendere il giusto atteggiamento verso le oscillazioni dei mercati è un passaggio fondamentale nella formazione di qualunque investitore di successo, professionale o meno che sia» *Benjamin Graham*

**Benjamin Graham** è stato un economista e professore universitario ed è considerato il padre fondatore della teoria del "value investing", un approccio agli investimenti che consiste nell'acquisto di titoli sottovalutati. È anche stato l'autore del libro *The Intelligent Investor*, considerato da **Warren Buffett** «il miglior libro sugli investimenti che sia mai stato scritto».

Buffet ha sempre ritenuto che la filosofia di Graham esposta nel libro sopra citato – che tutela l'investitore dagli errori più gravi e gli insegna a sviluppare strategie a lungo termine – fosse il miglior approccio al mercato azionario fin dalla sua prima pubblicazione. E, nel corso degli anni, l'andamento degli indici internazionali hanno dimostrato l'efficacia del pensiero proposto da Graham.

Egli ha sempre sostenuto che «**Il peggior nemico dell'investitore è con ogni probabilità sé stesso**»: non il mercato, quindi, con i suoi alti e bassi, ma piuttosto gli errori comportamentali e cognitivi commessi dal risparmiatore.

Non seguire attentamente i propri investimenti, avere una visione di breve periodo, movimentare troppo il portafoglio o non ribilanciarlo mai, controllare assiduamente le variazioni giornaliere dei propri strumenti finanziari, ignorare la propria reale tolleranza al rischio e concentrare gran parte dei propri soldi su pochi titoli (come abbiamo visto nel primo capitolo), pensare che i rendimenti passati costituiscano garanzia di rendimenti futuri e non avere un **metodo strutturato di pianificazione finanziaria per obiettivi** costituiscono tutti errori comportamentali classici che ci possono portare a compiere scelte non corrette sulle nostre decisioni di investimento.

**ALCUNI DEGLI ERRORI PIU' FREQUENTI DEGLI INVESTITORI**

| |
|---|
| Trascurare i propri investimenti |
| Concentrarsi troppo sui risultati di breve periodo |
| Cambiare spesso (o non farlo mai) i propri investimenti |
| Acquistare prodotti che non si comprendono |
| Agire dietro suggerimenti e voci di corridoio |
| Comprare a un prezzo alto |
| Vendere a un prezzo basso |
| Non conoscere la propria tolleranza reale al rischio |
| Mancanza di una efficace diversificazione |
| Basarsi sui rendimenti del passato |
| Avere aspettative di rendimento non realistiche |
| Mancanza di strategia |

Fonte: Financialounge

Come ben asserisce Francesco Caruso, consulente di strategie di investimento e analista tecnico, «i mercati finanziari sono macchine per deludere e, oltretutto, hanno il pessimo vizio di avere sempre ragione loro. Gli investitori, a tutti i livelli, cercano di attaccarli senza rispettarli e soprattutto senza conoscerne alcuni meccanismi fondamentali. A prescindere dal tipo di approccio utilizzato, un errore fatale in cui si può incorrere nel confronto con i mercati finanziari è sottostimare le anomalie (esempio tipico: "Non può scendere" o "Non può andare ancora più in basso")».

La sintesi di questo errore è la **Legge della Rovina Statistica**: se da un capitale iniziale di 100.000 euro si perde il 50%, si resta con 50.000 euro; ma se, partendo da 50.000 euro, si riguadagna la stessa percentuale che si è persa – ovvero il 50% – si torna solo a 75.000 euro. (Caruso, *La legge della rovina statistica, 2015*).

Purtroppo nel sistema scolastico italiano difficilmente si parla di Finanza fin dalle prime classi, ma questo semplice concetto (insieme a quello sull'**interesse composto**, ovvero il principio secondo il quale oltre a guadagnare interessi sull'investimento si può raggiungere un profitto maggiore con l'interesse sugli interessi) andrebbe spiegato in tutte le scuole per preparare gli studenti a raggiungere un maggiore grado di consapevolezza finanziaria.

"L'interesse composto è l'ottava meraviglia del mondo. Chi lo capisce guadagna, chi non lo capisce ne paga il prezzo" (**Albert Einstein**).

**Perdita e recupero necessario per tornare al capitale iniziale**

| Perdita | Recupero necessario per tornare al capitale iniziale |
|---|---|
| -10% | 11% |
| -20% | 25% |
| -30% | 43% |
| -40% | 67% |
| -50% | 100% |
| -60% | 150% |
| -70% | 233% |
| -80% | 400% |
| -90% | 900% |

Fonte: Francesco Caruso

Ancora Caruso: «quando si perde denaro, ci si ritrova con un capitale inferiore con cui lavorare: per ritornare al valore investito, è necessario realizzare una performance percentuale decisamente superiore a quella che si è appena persa. Perdere denaro è di per sé negativo, ma ancor peggio è perderne tanto da pregiudicare definitivamente la "chance" di proseguire nell'attività di investitore».

**PUNTO CHIAVE n. 9: il nemico peggiore dell'investitore è con ogni probabilità sé stesso e teniamo sempre a mente i concetti di interesse composto e di legge della rovina statistica.**

Ma cerchiamo di analizzare in maniera più approfondita i **12 più rilevanti errori** cognitivi e comportamentali che il nostro cervello ci porta a compiere nella gestione del risparmio.

## 1. Effetto "gregge"

Si tratta di un meccanismo che spinge un individuo a seguire il gruppo e quindi a replicare quello che fanno gli altri: tanto più il gruppo è compatto, e l'emotività in gioco è alta, tanto più il comportamento del singolo segue in modo naturale quello di tutti gli altri, quasi senza rendersene conto.

Imitiamo il comportamento delle persone con le quali ci identifichiamo o di quelle che ci stanno intorno: se il mercato è in un trend di forte rialzo, siamo influenzati dai prezzi crescenti e dalle reazioni degli altri e sviluppiamo degli atteggiamenti di consenso, anche se solo a livello inconscio.

Il fatto che tutti si comportino allo stesso modo ci rassicura innanzitutto perché abbiamo paura di sbagliare o di perdere delle opportunità (ricorrono ancora i concetti di paura e avidità visti nel primo capitolo), in secondo luogo perché siamo portati a pensare ad esempio che gli altri abbiano informazioni rilevanti che noi non conosciamo. Infatti non casualmente il rapporto Consob sulle scelte di investimento delle famiglie italiane del 2019 ci dice che, quando si tratta di prendere decisioni di investimento, il 40% degli italiani ricorre alla cosiddetta consulenza informale, ossia ai consigli di amici e parenti, un altro 40% decide in autonomia, mentre solo il 20% si affida a un consulente finanziario.

I comportamenti di gruppo spesso sfociano in isterie collettive che fanno scomparire la personalità individuale e la corretta capacità di valutazione degli eventi e dei rischi a essi connessi: alcune bolle finanziarie esaminate nel secondo capitolo sono un classico esempio di come il fenomeno collettivo dell'*effetto gregge* possa avere ripercussioni devastanti sul comportamento del singolo.

## 2. Eccesso di sicurezza

Corrisponde all'*overconfidence* e porta generalmente l'investitore a sovrastimare le possibilità di esiti positivi dei propri investimenti e a sottostimare quelle di risultati negativi, sopravvalutando le proprie abilità e conoscenze dei mercati finanziari.

In sostanza, si ritiene di avere certezze maggiori di quelle che realmente si possiedono: questo fenomeno è stato riscontrato nelle persone e nelle culture più diverse, nel senso che ci si considera più preparati e sapienti di quanto lo si è in realtà, attraverso una valutazione prettamente soggettiva e personale del livello della propria conoscenza/ignoranza.

In particolare, quando le cose vanno bene, attribuiamo il merito a noi stessi, ovvero alle nostre doti e abilità; quando invece le cose vanno male, la colpa è degli altri o di fattori esterni imprevedibili. La nostra natura difficilmente ci porta ad ammettere i nostri errori e questo vale ancora di più quando si parla di denaro: siamo spesso indulgenti con noi stessi e raramente con il "resto del mondo" (banche, consulenti finanziari e mercati).

L'*overconfidence* può portare l'investitore a ritenere che gli strumenti finanziari utilizzati possano avere un rendimento ipotetico più alto rispetto a quello che sarebbe corretto attendersi in base al grado di rischio oggettivo degli strumenti stessi (ad esempio: "quest'anno ho guadagnato complessivamente solo il

13% su questo settore? Dovrei raddoppiare l'investimento perché mi sento che nei prossimi 12 mesi farò il 25%...).

Un investitore potrebbe quindi compiere scelte finanziarie non adeguate per un eccessivo senso di sicurezza, assumendosi più rischi del necessario (senza rendersene conto) oppure movimentando troppo spesso il portafoglio avventurandosi in operazioni spericolate dopo che diverse sono andate ripetutamente bene.

### 3. Investire con il "senno di poi"

È molto pericoloso cercare conferme sulle proprie scelte passate: a posteriori, infatti, sono bravi tutti. Dobbiamo sempre diffidare anche di noi stessi quando abbiamo la tentazione di affermare che era ovvio che i mercati sarebbero saliti o scesi, oppure che quel titolo si sarebbe comportato in un dato modo. Se siamo razionali e analizziamo bene la situazione, riusciamo a capire che questo vale sempre dopo e mai prima, perché fare previsioni è praticamente impossibile.

Alcune volte mi è capitato che qualche cliente mi dicesse: "questa discesa era prevedibile, perché non abbiamo disinvestito prima?".

Dopo che il mercato è sceso, quello che è successo con il *"senno di poi"* sembra scontato, ma ribadisco che i consulenti finanziari non hanno particolari doti di "veggenza" e riuscire a prevedere ad es. il recente crollo causa *Covid,* non solo per la perdita profonda ma anche per la velocità con la quale si è verificato, non era certamente un fatto intuibile a priori.

Si pensi in questo senso a come quotidianamente viene commentato dai telegiornali la chiusura del mercato azionario italiano e a come si cerca, a posteriori, di trovare sempre le cause dell'aumento o della sua diminuzione, motivandolo con spiegazioni differenti (e opposte) a seconda che la variazione sia stata positiva o negativa.

## 4. Ricerca spasmodica del "market timing"

La volatilità del mercato spinge i risparmiatori a prestare più attenzione al proprio portafoglio: in alcuni casi la preoccupazione per i ribassi degli indici azionari potrebbe portarci a smettere di investire, in altri potrebbe farci modificare temporaneamente la pianificazione strategica di lungo periodo.

Passare da un fondo a un altro, ricorrendo al metodo del *market timing* (ossia entrare e uscire dai mercati anche più volte in breve tempo), è un comportamento tanto avventato quanto diffuso tra molti investitori.

È dimostrato che mantenere la calma e rimanere fermi sulla propria strategia iniziale consente di ottenere, nel lungo termine, rendimenti più redditizi rispetto alla movimentazione continua del portafoglio (il rischio è quello di perdersi i giorni di performance migliori e, a tal proposito, si veda il grafico esemplificativo qui sotto).

Ricordiamoci sempre che alcuni dei più grandi rimbalzi avvengono spesso dopo forti crolli, come ad esempio nel marzo 2020 quando, a fronte di un meno 34% dello S&P 500 americano in soli quaranta giorni, si è avuto nei dieci mesi successivi un più 77%. Perdere i 10 migliori giorni significa dimezzare il rendimento e perdere i migliori 30 vuol dire annullare completamente il guadagno!

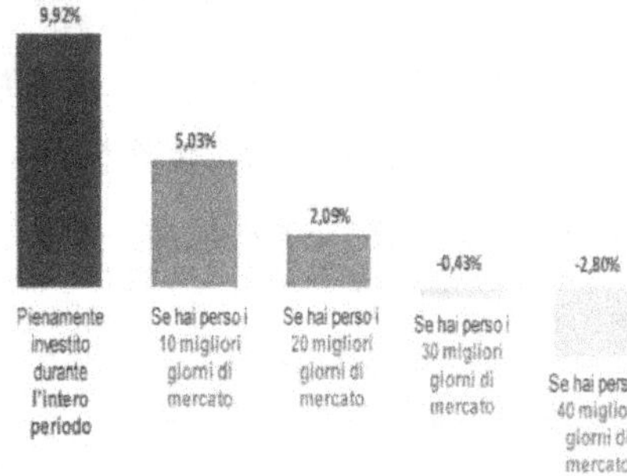


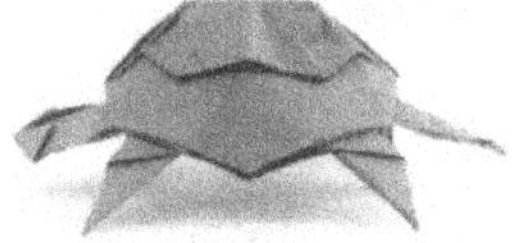



## 5. Mantenere per troppo tempo titoli in perdita

Si tratta di un atteggiamento insito nel nostro spirito di sopravvivenza: poiché vogliamo allontanare la sofferenza e il dolore della "minusvalenza", molte volte ritardiamo eccessivamente la vendita. All'opposto, se il nostro investimento si rivaluta, siamo portati ad anticipare il piacere del guadagno e, spesso, lo liquidiamo troppo presto.

In sostanza, l'investitore comune sembra comportarsi in maniera opposta alla **regola dello _stop loss_** (bloccare la perdita) **e del _running profit_** (lasciar correre i profitti), in quanto vende subito le posizioni in guadagno, per timore che questo svanisca, e mantiene le posizioni in perdita, con la speranza che questa si riassorba.

Per quanto irrazionale possa sembrare, consideriamo un incoraggiamento personale vedere il conto corrente aumentare con piccoli profitti, mentre non proviamo un corrispondente senso di disfatta nell'osservare le grandi perdite delle operazioni tuttora in essere. Finché la perdita stessa non è realizzata, non ne sentiamo veramente la presenza e, quindi, non vendiamo fino a quando non siamo obbligati a farlo (di solito nei momenti di _panic selling_).

Il nostro _ego_ tenderà a farci mantenere aperta la posizione in perdita poiché, a livello inconscio, smobilizzare verrebbe considerato un fallimento personale.

## 6. Ancoraggio

Le ancore mentali sono sistemi di riferimento soggettivi legati alla nostra biografia e, in finanza comportamentale, servono proprio per "ancorare" i nostri giudizi, che dipendono dalle nostre esperienze di investitori. Se, ad esempio, abbiamo subito un'ingente perdita sul mercato azionario, questo ci porta a generalizzare che "con le azioni va sempre male", non valutando correttamente che ci sia la concreta possibilità anche di guadagnare.

Una frase classica del cliente che sta iniziando a investire e che mi sono sentito dire parecchie volte è la seguente: "Adesso che entro io sul mercato azionario sono certo che comincerà a scendere…". Solo attraverso una metodica disciplina un investitore consapevole riesce a ottenere risultati costanti nel tempo, dominando i propri istinti e governando il proprio comportamento. E' necessario però imparare ad accettare le perdite, perché come abbiamo già visto per ottenere rendimenti interessanti è opportuno assumersi dei rischi e gli andamenti negativi fanno parte del concetto stesso di investimento.

## 7. Avversione alle perdite

Un altro interessante errore comportamentale correlato al precedente e che porta gli investitori a valutare i guadagni e le perdite in modo diverso è rappresentato dalla **teoria del prospetto** (Daniel Kahneman e Amos Tversky, *La teoria del prospetto: analisi delle decisioni in condizioni di rischio,* 1979).

La teoria classica, come abbiamo visto, asserisce che gli individui scelgono di comportarsi secondo principi razionali, ma a parità di risultato assoluto la sofferenza generata dalle perdite è più elevata di circa due volte della soddisfazione derivante dai guadagni. Questo criterio di valutazione differente determina che gli investitori si assumeranno più rischi per evitare una perdita (tenendo in portafoglio uno strumento finanziario inefficiente con la speranza di recuperare) rispetto ai rischi necessari per aumentare un guadagno (vendendo un investimento efficiente senza considerare che il suo valore potrebbe ancora aumentare).

Dal punto di vista delle emozioni è comprensibile che la perdita abbia un peso diverso rispetto al guadagno, ma da un punto di vista logico non si può dire la stessa cosa. In sostanza, gli investitori visualizzano plus e minusvalenze in due "cassetti mentali" differenti, valutando le strategie dell'uno in modo indipendente da quelle dell'altro.

La dimostrazione della teoria del prospetto è data dal seguente esperimento presentato a un gruppo di potenziali investitori (Legrenzi, *Psicologia e investimenti finanziari*, 2006):

*Alternativa A*: scegliere tra un guadagno sicuro di 250 euro oppure tra il 25% delle possibilità di guadagnare 1.000 euro avendo, contemporaneamente, il 75% delle possibilità di non guadagnare nulla.

*Alternativa B*: scegliere tra una perdita sicura di 750 euro oppure tra il 75% delle possibilità di perdere 1.000 euro avendo, contemporaneamente, il 25% delle possibilità di non perdere nulla.

In termini di **utilità attesa** le scelte da compiere all'interno delle alternative A e B praticamente si equivalgono, ma la maggioranza degli intervistati conferma la regola generale dell'avversione al rischio (81% decidono per il guadagno sicuro nel caso A), mentre l'85% dimostra la propensione a correre più rischi se cambia il contesto di riferimento (bassa possibilità di non perdere nulla nel caso B).

## 8. Eccesso di informazioni

L'eccessiva quantità di informazioni finanziarie facilmente reperibili al giorno d'oggi crea nel risparmiatore l'esigenza di gestire una situazione di sovraccarico informativo (*information overload*) dove il problema non riguarda solo il numero, ma anche la qualità delle informazioni stesse. Ciò non sempre costituisce un vantaggio, perché troppe indicazioni su uno stesso argomento non ci mettono nelle condizioni di capire quali sono quelle veramente importanti per i nostri investimenti, creando confusione e alimentando dubbi nella nostra mente.

Grazie al web otteniamo più dati e notizie di quelle che riusciamo a interpretare correttamente e spesso succede che sviluppiamo un atteggiamento generale semplificato, evitando di analizzare attentamente tutti i pro e contro su un investimento che ci interessa, con il rischio di intraprendere delle operazioni finanziarie con estrema leggerezza.

Secondo uno studio, in Italia il 54% dei risparmi in fondi azionari rimane investito per meno di due anni mentre un orizzonte temporale corretto dovrebbe essere non inferiore ai 5-7 anni: spesso questo è proprio dovuto all'eccessiva disponibilità di informazioni, disorientando il risparmiatore e spingendolo verso operazioni di più breve termine.

## 9. Errore di conferma

Le nostre decisioni sono spesso influenzate da quello in cui vogliamo credere e normalmente diamo più importanza alle notizie che confermano il nostro punto di vista invece che a quelle che potrebbero contraddirlo: se ho una visione negativa del momento economico, come ad esempio subito dopo l'inizio della pandemia dovuta al Covid-19, darò maggior peso alle informazioni che confermano il mio pessimismo.

Nonostante il mercato azionario sia successivamente risalito dopo la repentina discesa di marzo 2020, scontando in anticipo un miglioramento economico, se la nostra è una visione negativa sul futuro è normale un comportamento che ci porta a evitare notizie positive che sottolineano che potremmo sbagliarci.

In finanza comportamentale tutto ciò si traduce nella cosiddetta **"dissonanza cognitiva"**, che consiste nel sostenere due tesi tra loro in contraddizione, generando al nostro interno disagio e tensione. In sostanza, pur osservando una determinata situazione oggettiva esterna, la nostra mente la capovolge sino al punto di adattarla alla nostra visione personale.

Come ben asserisce Legrenzi, professore di psicologia ed esperto di finanza comportamentale: «L'azione della dissonanza cognitiva è innescata dalla selettività della nostra memoria personale che tende a ricordare i successi e a dimenticare gli insuccessi: quando questo è impossibile, vengono chiamati in causa fattori che erano imprevedibili in quanto fuori dal nostro controllo».

E' il caso dell'investitore che spesso ricorda con precisione le diverse operazioni in guadagno, dimenticandosi totalmente di quelle che hanno causato ingenti perdite.

## 10. Errore domestico

Consiste nell'investire in titoli domestici, cioè del paese d'origine del risparmiatore (*home bias*): questo errore è dettato dalla familiarità e ci porta a concentrare il portafoglio verso contesti conosciuti, rendendo la nostra emotività particolarmente positiva e rassicurante.

Noi italiani preferiamo ad esempio investire nel nostro paese rispetto all'estero, o a scegliere aziende a cui siamo legati affettivamente da uno specifico settore che conosciamo molto bene o da una determinata azienda perché un nostro familiare ci lavora. E, secondo dati diffusi dal Fondo Monetario Internazionale, creare una concentrazione eccessiva non è un problema solo nostro: a fine 2019 il portafoglio tipo di un cittadino statunitense era esposto ai titoli USA per il 91%, mentre per gli investitori britannici la percentuale era pari all'82% di titoli UK.

Tutto ciò va quindi a interferire con il principio di una corretta diversificazione degli investimenti che abbiamo già analizzato: il listino italiano, infatti, è sbilanciato pesantemente sul comparto bancario che, nell'ultimo ventennio, non ha certo brillato.

Molti pensano di essere correttamente investiti magari avendo all'interno del proprio portafoglio titoli azionari come Unicredit, Intesa, Eni, Enel, Generali e Fiat, oppure titoli di Stato come i BTP con diverse scadenze (2030, 2040 ecc.). Il mondo è pieno di opportunità: non concentrando troppo, diminuiamo anche la volatilità di portafoglio e, di conseguenza, il rischio globale dei nostri investimenti.

## 11. Focalizzazione sul breve termine

Concentrarsi sui risultati di breve termine e controllare continuamente l'andamento degli investimenti è un errore comportamentale che potrebbe pregiudicare il nostro benessere finanziario.

La maggioranza degli strumenti finanziari ha purtroppo quotazioni giornaliere, perché sono obbligatorie precise regole di trasparenza, ma andare a verificare anche settimanalmente i prezzi del nostro portafoglio tende a farci ragionare non in maniera ottimale e a perdere di vista gli obiettivi di medio-lungo termine stabiliti in fase di pianificazione finanziaria (si riveda l'errore della "ricerca spasmodica del *market timing*").

## 12. Errori emotivi e rimpianto

Quando i mercati salgono prevalgono sentimenti di ottimismo ed euforia, mentre nel caso opposto la paura e l'avvilimento prendono il sopravvento (si riveda grafico a pag.31): in sostanza ci comportiamo esattamente nel modo contrario rispetto a un atteggiamento prettamente razionale.

In fasi di salita il *sentiment* positivo ci spinge a comprare di più, quando i mercati scendono il panico può farci vendere, anche se dal punto di vista logico andrebbero incrementati gli investimenti perché i prezzi sono convenienti (qui sotto il grafico di raccolta 2007-2019 delle reti di consulenti finanziari dal quale si evince il comportamento dei risparmiatori appena descritto).

Fig. 1 Raccolta netta delle reti di consulenti finanziari e indice azionario globale (miliardi di euro e variazioni %)

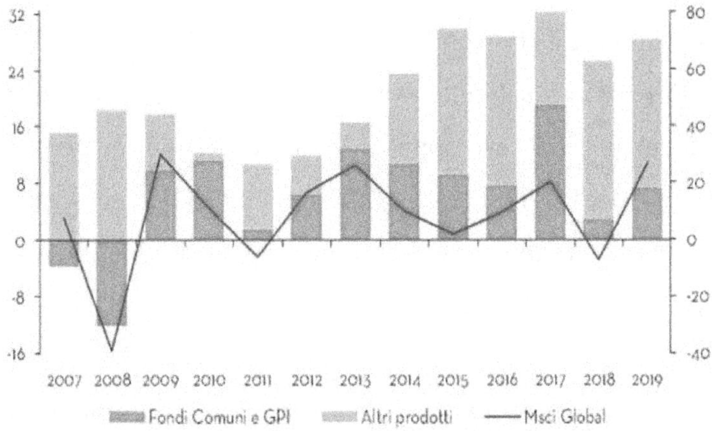

Fonte: Elaborazioni e stime prometeia su dati Assoreti, Refinitiv

Nel periodo indicato, il sistema finanziario ha attraversato alcune fasi poco favorevoli, se non vere e proprie crisi, anche se la raccolta netta complessiva nei tredici anni presi in esame ha registrato un trend crescente. Solo nel 2007-2008, all'apice della crisi finanziaria legata ai mutui *subprime,* la raccolta è stata negativa sui fondi comuni e sulle gestioni patrimoniali, ovvero sui prodotti finanziari a maggior rischio; difficoltà ci sono state anche nel 2011 e nel 2018, in corrispondenza di altre fasi di forte correzione sui mercati e con l'indice azionario internazionale (MSCI Global) in negativo.

Questi dati confermano gli errori emotivi compiuti dagli investitori nei mesi difficili in cui a dominare è solitamente la maggiore avversione al rischio e la preferenza per strumenti più liquidi, poco rischiosi e in grado di garantire un maggiore senso di sicurezza (come i conti di deposito): ci dimentichiamo, però, l'insegnamento di Sir Templeton che ci ricorda che i periodi di massimo pessimismo sono sempre i migliori per comprare a prezzi di saldo.

In questo senso, *la caratteristica più importante di un consulente finanziario dovrebbe essere proprio la capacità di contenere e controllare le reazioni emotive (spesso eccessive) dei propri clienti in momenti di panico generalizzato.*

Alcuni miei clienti mantengono molta liquidità nel proprio conto corrente perché hanno il timore di fare una scelta e poi pentirsi della decisione presa: questo errore comportamentale è il cosiddetto rimpianto (o rammarico), che ci porta a pensare di aver fatto la scelta non corretta, sicuri che una decisione diversa ci avrebbe fatto conseguire un risultato migliore.

Come afferma Davide Berto, consulente finanziario, «è proprio il rimpianto che, in caso di bisogno di liquidità, porta spesso l'investitore a vendere e liquidare nel conto corrente gli strumenti finanziari che in passato si sono comportati meglio, tenendo invece in essere quello perdenti, che probabilmente continuerà a perdere.

Questa tendenza trova risposta nel fatto che vendere l'investimento che ha perso valore genera appunto il rammarico per un'azione, quella della vendita, fatta ormai troppo tardi, prendendo atto, così, di un errore compiuto. Così, procrastinare la vendita allontana il momento del dispiacere conseguente e, una volta che le cose sono avvenute, si tende a pensare che in fondo si sarebbero potute evitare».

**PUNTO CHIAVE n. 10: conoscere i 12 errori principali di finanza comportamentale ci rende maggiormente consapevoli nelle nostre scelte di investimento; riassumiamoli:**

1. **Effetto "gregge".**
2. **Eccesso di sicurezza.**
3. **Investire con il "senno di poi".**
4. **Ricerca spasmodica del "market timing".**
5. **Mantenere per troppo tempo titoli in perdita.**
6. **Ancoraggio.**
7. **Avversione alle perdite.**
8. **Eccesso di informazioni.**
9. **Errore di conferma.**

**10. Errore domestico.**

**11. Focalizzazione sul breve termine.**

**12. Errori emotivi e rimpianto.**

In conclusione del capitolo, molto interessante è quanto asserisce Lars Tvede, scrittore e gestore danese, nel suo *Psicologia della finanza* (1986), ovvero che il fattore di per sé più importante nel dare forma al mercato azionario è, e rimarrà sempre, la psicologia umana. Tvede individua tre regole base che caratterizzano il mercato: vediamole.

*Regola n. 1: il mercato è avanti.* La somma dei punti di vista di tutti gli investitori fornisce un quadro di base sicuramente migliore di quello di qualsiasi individuo. Il mercato è quindi sempre avanti rispetto ai dati economici e anticipa di circa sei-nove mesi l'andamento economico, scontando nei prezzi quello che succederà in futuro.

Questo vale sia per gli indici azionari di un paese, sia per l'andamento borsistico di una società. Negli Stati Uniti spesso si dice *«Buy the rumors, sell the news»*, ovvero compra sull'indiscrezione e vendi sulla notizia, perché quando viene ufficializzato un dato su una determinata società, il titolo generalmente è già salito.

*Regola n. 2: il mercato è irrazionale.* Il mercato può reagire velocemente agli eventi, ma potrebbe anche comportarsi in modo bizzarro ed emozionale, oscillando tra l'isterismo collettivo e l'indifferenza, invece che in base alla realtà dei dati economici.

*Regola n. 3: l'ambiente è caotico.* Di solito le previsioni macroeconomiche sono troppo incomplete per avere un qualsivoglia valore per l'investitore, soprattutto quando le correlazioni sono costantemente influenzate da piccoli ma fondamentali dettagli che nessuno avrebbe potuto predire o valutare, ma che sono in grado di modificare ogni cosa anche repentinamente.

**PUNTO CHIAVE n. 11: il mercato è avanti, è irrazionale e l'ambiente nel quale si esplica è caotico.**

RIEPILOGO DEL CAPITOLO 3:

- PUNTO CHIAVE n. 9: il nemico peggiore dell'investitore è con ogni probabilità sé stesso e teniamo sempre a mente i concetti di interesse composto e di legge della rovina statistica.

- PUNTO CHIAVE n. 10: conoscere i 12 errori principali di finanza comportamentale ci rende maggiormente consapevoli nelle nostre scelte di investimento, riassumiamoli:

1. Effetto "gregge".
2. Eccesso di sicurezza.
3. Investire con il "senno di poi".
4. Ricerca spasmodica del "market timing".
5. Mantenere per troppo tempo titoli in perdita.
6. Ancoraggio.
7. Avversione alle perdite.
8. Eccesso di informazioni.
9. Errore di conferma.
10. Errore domestico.
11. Focalizzazione sul breve termine.
12. Errori emotivi e rimpianto.

- PUNTO CHIAVE n. 11: il mercato è avanti, è irrazionale e l'ambiente nel quale si esplica è caotico.

# Capitolo 4:

# La nostra consapevolezza finanziaria

«Non pensare mai di essere in grado di gestire i tuoi risparmi finché non
sarai capace di gestire le tue emozioni»
*Warren Buffet*

*Perché si risparmia?* Gli individui lo fanno essenzialmente per
fronteggiare gli imprevisti, ma anche per assicurarsi una certa
tranquillità economica al termine dell'attività lavorativa e per
rispondere quindi a un innato bisogno di sicurezza.

Per definizione, il **risparmio** è quella parte di reddito che non viene
speso immediatamente ma accantonato per essere utilizzato in un
momento futuro (*Wikipedia*, L'Enciclopedia Libera).

I concetti di risparmio e investimento differiscono tra loro in quanto
**investire** significa introdurre un elemento di rischio per cercare di
rivalutare il proprio capitale nel corso del tempo e quindi vuol dire
avere un obiettivo più ambizioso. Infatti mantenere la liquidità sul
conto corrente come stanno facendo parecchi risparmiatori in
questo periodo di incertezza è, ad esempio, una forma di risparmio,
ma non può essere sicuramente considerata una strategia di
investimento, tenendo presente anche gli effetti negativi
dell'inflazione come abbiamo visto nel primo capitolo.

Utilizzare strategie coerenti con i nostri obiettivi finanziari vuol dire avere un programma adeguato e personalizzato di risparmi e investimenti, cercando di essere sempre informati: sebbene esista il supporto dei professionisti del settore, conoscere alcuni concetti di base in materia è il modo migliore per raggiungere un buon livello di consapevolezza finanziaria.

**PUNTO CHIAVE n. 12: il risparmio è quella parte di reddito che non viene speso immediatamente ma accantonato per essere utilizzato in un momento futuro; investire, invece, significa introdurre un elemento di rischio per cercare di rivalutare il proprio capitale nel corso del tempo.**

L'Osservatorio CONSOB su "L'approccio alla finanza e agli investimenti delle famiglie italiane" ha raccolto, nel 2019, i dati relativi a un campione di 3.058 individui residenti nel nostro paese, rappresentativo dei **decisori finanziari italiani**.

Circa i tre quarti di questi ultimi erano costituiti da uomini e le scelte economico-finanziarie risultavano tuttavia condivise con il partner in oltre il 60% dei casi, mentre il dato saliva all'80% se venivano considerati anche altri membri del nucleo famigliare.

In linea con le rilevazioni degli anni precedenti, *la cultura finanziaria delle famiglie italiane si è confermata molto contenuta*: il 21% degli intervistati non conosceva nessuna delle nozioni di base (inflazione, relazione rischio/rendimento, diversificazione, caratteristiche dei mutui, interesse composto) e oltre il 30% sembrava non padroneggiare nessuno di questi prodotti: conto corrente, azioni, obbligazioni, fondi comuni.

Fig. 8 – Pianificazione finanziaria

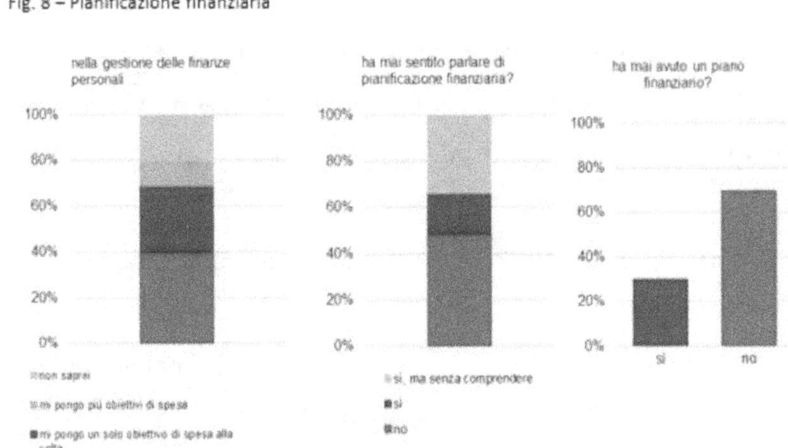


Secondo l'indagine citata, solo un terzo degli intervistati dichiarava di avere un piano finanziario e, di questi, poco meno del 40% ne monitorava l'avanzamento in modo dettagliato, annotando le spese. Tra coloro che non pianificavano, il 42% riteneva che fosse inutile avere un piano, o perché mancava la capacità di risparmio o perché considerava sufficiente controllare le spese, mentre il 20%, pur riconoscendone l'utilità, non era comunque intenzionato a modificare le sue abitudini nell'immediato.

Secondo gli indicatori elaborati dal campione rappresentativo, la maggioranza degli italiani si è confermata *avversa al rischio e avversa alle perdite*. Con particolare riferimento a quest'ultimo aspetto, quasi due terzi degli intervistati hanno affermato di non essere disposti a investire in uno strumento finanziario che presentasse una sia pur ridotta possibilità di riduzione del capitale, mentre il restante 37% si è dichiarato tollerante verso piccole perdite (permanenti o recuperabili nel lungo termine).

Il 31% dei casi ha dichiarato di risparmiare in modo regolare (soprattutto per motivi precauzionali) e il 37% in modo occasionale, mentre il 26% ha asserito di non accantonare nulla a causa delle spese che azzerano tutte le entrate. Nelle scelte di investimento, il 20% degli individui ha affermato di affidarsi a un consulente finanziario con cui si confronta anche in fase di controllo del portafoglio, il 40% di ricorrere ai consigli di amici e parenti (talvolta attivi nel settore finanziario), e il restante 40% di decidere in autonomia.

**PUNTO CHIAVE n. 13: la cultura finanziaria delle famiglie italiane si è dimostrata molto contenuta e la maggioranza degli italiani si è confermata generalmente avversa al rischio e alle perdite.**

### Finanza comportamentale e Coronavirus

Come abbiamo visto a pag.31 nella figura che rappresenta il *sentiment* dell'investitore, paura e panico sono due emozioni negative che ci colpiscono quando una minaccia esterna condiziona il nostro modo di pensare e ci porta a reagire in modo avventato come è successo all'inizio della pandemia di Coronavirus.

La finanza comportamentale ci può essere d'aiuto perché in questi casi dobbiamo continuare a pensare razionalmente e non possiamo permettere al pericolo di controllarci: alcuni dei miei clienti (pochi, per fortuna), con il progressivo diffondersi del Covid e con il conseguente e rapido crollo degli indici azionari, si sono fatti prendere dallo sconforto e hanno venduto velocemente i propri investimenti per contenere il più possibile le perdite. Non possiamo mai sapere a priori quanto può durare un periodo recessivo (qualche mese ma anche uno-due anni), ma se il nostro orizzonte temporale è proiettato correttamente nel medio-lungo termine come abbiamo più volte ribadito, questa recente crisi sarebbe dovuta essere un'ottima occasione di acquisto come si è poi effettivamente verificato (e qualche cliente lo ha fatto!).

Rispetto a tutte le altre recessioni che quasi sempre sono derivate da fattori economico/finanziari, questa crisi si è sviluppata a causa di un fattore esogeno dove le misure di distanziamento sociale adottate hanno avuto l'effetto di influenzare negativamente la maggioranza della produzione e dei consumi.

Kahneman, in uno dei suoi libri più famosi, opera una distinzione tra due aree del cervello con funzionalità differenti, evidenziando che non riusciamo a capire esattamente quale area del cervello sia attivata in un determinato momento.

Il primo sistema è rappresentato dal pensiero veloce, intuitivo/istintivo, **emozionale**. Il secondo è quello lento, **razionale**, che necessita di maggior concentrazione, e ciascuno di noi ogni giorno li utilizza alternativamente entrambi senza rendersene conto (Daniel Kahneman *Pensieri lenti e veloci*, 2012)

Anche se pensiamo di utilizzare maggiormente il secondo, a guidare la nostra vita nella gran parte del tempo è il pensiero veloce perché il nostro cervello segue la logica evolutiva: infatti, le caratteristiche che erano necessarie alla sopravvivenza dei nostri antenati sono state le prime a svilupparsi perché era fondamentale capire se ci si trovava in una situazione di pericolo per cercare la fuga il più rapidamente possibile.

Il pensiero razionale, quindi, si è sviluppato successivamente e la parte del cervello in cui ha sede la paura, durante una crisi, è la prima a entrare in azione, con modelli di comportamento che sono privi di qualsiasi ragionamento consapevole: quest'ultimo, invece, dovrebbe aiutarci a scongiurare situazioni di eccessiva emotività.

Come ben asserisce Ruggero Bertelli, docente di finanza presso l'università di Siena, «il primo fondamentale aspetto è distinguere la paura di morire da quella di perdere soldi; il terrore (irrazionale) di perdere la vita a causa di un misterioso virus è una delle situazioni che ci gettano nella massima incertezza, il nemico invisibile e imbattibile, almeno fino a prova contraria. Paura sistematicamente alimentata dai numeri giornalieri che dimostrano che la diffusione del male non si ferma, e in questo senso nessun discorso probabilistico mi rassicura.

Il rischio è che l'investitore applichi lo stesso ragionamento al proprio risparmio: paura di perdere tutto in un momento nel quale potrei avere bisogno di soldi. Come la voglia (irrazionale) di scorte di cibo o di carta igienica che ci porta a correre verso il supermercato, cioè a metterci in pericolo, in coda, vicino a tante persone. Assurdo, ma umano.

Ecco, con i nostri soldi non dobbiamo fare lo stesso errore: fare scorta di liquidità vendendo i nostri investimenti a prezzi troppo bassi, trasformando la minusvalenza in perdita irrecuperabile. La paura non è prudenza, ma può essere confusa con la prudenza».

**PUNTO CHIAVE n. 14: il primo sistema del cervello è rappresentato dal pensiero veloce, intuitivo/istintivo, emozionale. Il secondo è quello lento, razionale, che necessita di maggior concentrazione, e ciascuno di noi ogni giorno li utilizza alternativamente entrambi senza rendersene conto.**

Un approccio che ci aiuta a mettere da parte le emozioni è quello della **Strategia di Ingresso Graduale (SIG)**, una modalità efficiente di accesso agli investimenti che si basa su sottoscrizioni periodiche di importi determinati dalla capacità di risparmio di ognuno di noi. Una strategia fondamentale per far diminuire la volatilità del nostro portafoglio nelle fasi di ribasso, con l'obiettivo, non lo smettiamo mai di ripetere, di rimanere concentrati sul medio-lungo termine.

Le modalità con cui si effettua un investimento può avere conseguenze significative sui risultati ottenuti, soprattutto in un contesto di grande volatilità come è stato quello del 2020. Suddividere il nostro capitale in acquisti periodici riduce il rischio globale di portafoglio, evitando momenti di ingresso sfavorevoli dato che i mercati finanziari, come abbiamo più volte sottolineato, sono praticamente impossibili da prevedere.

Per essere un investitore di successo, quindi, "rimanere dentro il mercato" è più importante che saper individuare il momento giusto di ingresso o l'azienda che esploderà nei prossimi anni, anche se le emozioni influenzano inevitabilmente la nostra mente quando ci accorgiamo, ad esempio, che il nostro investimento ha perso in poco tempo il 10%, e siamo tentati di vendere immediatamente. Ciò, però, comporterebbe il rischio di "mancare" le migliori giornate sui mercati (quarto errore che abbiamo visto nel capitolo 3, ovvero la "ricerca spasmodica del *market timing*"), privandoci irrimediabilmente delle *performance* più brillanti.

Analizzando le caratteristiche dei miei clienti, la maggioranza di essi preferisce gli investimenti in un'unica soluzione, soprattutto per chi ha un'età compresa tra i 60 e i 75 anni e ha già un capitale iniziale a disposizione, mentre quelli più giovani e con un reddito non ancora consolidato optano generalmente per un versamento mensile in base alla propria capacità di risparmio. Nulla vieta, comunque, di combinare le due strategie d'investimento (investimento unico + SIG) per una pianificazione finanziaria ottimale.

Uno studio sulla distribuzione dei rendimenti annualizzati ha riportato dei dati di analisi che ci evidenziano come, utilizzando come orizzonte temporale un periodo di sette anni, la strategia SIG (nota anche come PAC ovvero "Piano di Accumulo di Capitale") ha prodotto 0% di investimenti con rendimenti negativi e 100% con rendimenti positivi:

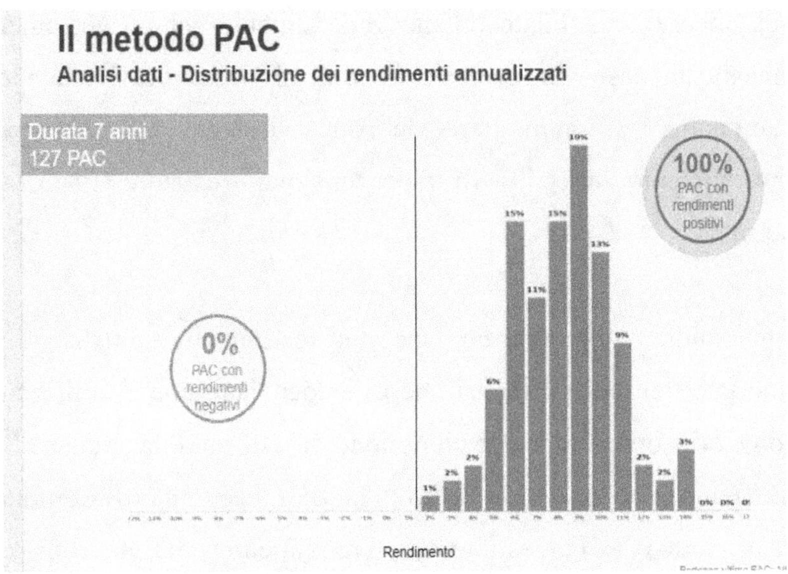


**PUNTO CHIAVE n. 15: la Strategia di Ingresso Graduale (SIG) è una modalità efficiente di accesso agli investimenti che si basa su sottoscrizioni periodiche di importi determinati dalla capacità di risparmio di ognuno di noi.**

### Relazione tra rendimento e rischio

I risparmiatori sono soliti affidarsi esclusivamente al concetto di rendimento: *quanto ha reso quel determinato fondo negli ultimi anni? E nell'ultimo mese?* Il rendimento, infatti, è un elemento oggettivo che sappiamo interpretare abitualmente in molte sfere del quotidiano. Anche la stampa e il web sembrano favorire questo tipo di approccio, pubblicando e visualizzando quotidianamente i prezzi dei Fondi Comuni d'investimento e delle Sicav (Società di Investimento a Capitale Variabile), strumenti finanziari che compongono la maggior parte dei portafogli di investimento assieme ad azioni, obbligazioni e titoli di stato.

Affidare le proprie decisioni in campo finanziario alla sola dimensione del rendimento, però, è altamente riduttivo: la selezione degli strumenti finanziari da utilizzare, la scelta dell'intermediario e la composizione dell'*asset allocation* di portafoglio sono tutte attività molto complesse, che non possono assolutamente basarsi sul solo concetto di *performance* di un investimento.

Bisogna dunque sapersi destreggiare tra altri concetti, primo fra tutti quello di **rischio**: in ambito economico-finanziario, il rischio attiene alla possibilità che il risultato di un investimento possa rivelarsi diverso da quanto previsto.

**La relazione esistente tra rischio e rendimento è diretta**: così si possono ottenere risultati migliori, in termini di guadagno, incrementando il livello di rischio del portafoglio. In questo modo, però, aumentano anche le probabilità di incorrere in perdite altrettanto consistenti.

Pertanto l'investitore non dovrà scegliere lo strumento finanziario con il migliore rendimento storico assoluto, ma quello con *il più alto rapporto rendimento/rischio*, vale a dire **quello che meglio di altri è riuscito a remunerare il rischio sostenuto**. Si tratta di compiere una scelta tra la possibilità di un rendimento potenzialmente maggiore e il contenimento delle eventuali perdite, decidendo, in fase di investimento, quale dei due aspetti privilegiare.

Scegliere gli strumenti finanziari più aggressivi può essere indicato per l'investitore con un'elevata predisposizione al rischio e con orizzonti temporali molto lunghi. Puntare, invece, su prodotti attenti al contenimento della volatilità, ossia alle fluttuazioni dello strumento, se da un lato può comportare l'ottenimento di rendimenti inferiori, dall'altro certamente rappresenta un guadagno in termini di serenità.

Un indicatore in grado di "rettificare" la performance di un prodotto finanziario tenendo in debito conto la sua rischiosità è **l'indice di Sharpe**: questo indicatore prende il nome dal Premio

Nobel per l'Economia William Sharpe (1990) ed è la misura più utilizzata, sia dalle società di gestione che dalla stampa, per confrontare il rendimento di uno strumento finanziario con la sua volatilità.

Questo indice esprime il rendimento di un investimento al netto del rendimento non rischioso (*free risk*), come ad esempio quello di un titolo governativo, in rapporto al rischio, ovvero alla volatilità del portafoglio stesso, che viene rappresentata dalla *deviazione standard*.

La formula matematica dell'indice di Sharpe è la seguente: (rendimento investimento - rendimento *free risk*) / deviazione standard. L'indice consente di confrontare tra loro strumenti finanziari con rischi e rendimenti diversi: infatti, in base alla propria tolleranza alla perdita, supponiamo di dover calcolare la convenienza di scegliere tra uno strumento finanziario che ha, ad esempio, un rendimento del 12% e una volatilità del 6%, e un altro fondo che ha un rendimento del 7% ma una volatilità del 3%.

Il primo ha sia il rendimento sia la volatilità maggiori del secondo: è più redditizio ma, allo stesso tempo, è anche più rischioso. Quindi, se la mia propensione al rischio è contenuta, a prima vista mi converrebbe scegliere il fondo con la volatilità del 3%. Ma qual è il fondo che presenta l'indice di Sharpe maggiore e quindi è più efficiente? Ipotizzando il rendimento *free risk* del 3% (ipotesi oggi abbastanza surreale, visti i tassi di interesse attuali, ma consideriamola realistica per semplicità di calcolo) avremo:

Sharpe 1° fondo = (12 - 3) / 6 = 1,5
Sharpe 2° fondo = (7 - 3) / 3 = 1,333

Dal punto di vista del rapporto rischio/rendimento e della conseguente efficienza della scelta, *è preferibile il primo strumento*: l'indice di Sharpe consente di "dare un prezzo al rischio" e, quindi, di fare dei confronti. Maggiore è l'indice di Sharpe, migliore sarà il risultato per l'investitore, misurato in termini di rendimento ponderato per il rischio.

In linea di massima, ci si orienta su investimenti con indice di Sharpe tendenti all'unità (*un valore superiore a 1 è sinonimo di eccellenza nella gestione*).

In questo senso, possiamo identificare un criterio di scelta sempre valido:
- a parità di rischio, scelgo l'investimento che rende di più;

- a parità di rendimento, scelgo l'investimento meno rischioso;
- negli altri casi utilizzo l'indice di Sharpe, ricordando che a rischi maggiori corrispondono rendimenti maggiori.

**PUNTO CHIAVE n. 16: l'indice di Sharpe consente di "dare un prezzo al rischio" e, quindi, di fare dei confronti; maggiore è l'indice di Sharpe, migliore sarà il risultato per l'investitore, misurato in termini di rendimento ponderato per il rischio.**

RIEPILOGO DEL CAPITOLO 4:

- PUNTO CHIAVE n. 12: il risparmio è quella parte di reddito che non viene speso immediatamente ma accantonato per essere utilizzato in un momento futuro; investire, invece, significa introdurre un elemento di rischio per cercare di rivalutare il proprio capitale nel corso del tempo.

- PUNTO CHIAVE n. 13: la cultura finanziaria delle famiglie italiane si è dimostrata molto contenuta e la maggioranza degli italiani si è confermata generalmente avversa al rischio e alle perdite.

- PUNTO CHIAVE n. 14: il primo sistema del cervello è rappresentato dal pensiero veloce, intuitivo/istintivo, emozionale. Il secondo è quello lento, razionale, che necessita di maggior concentrazione, e ciascuno di noi ogni giorno li utilizza alternativamente entrambi senza rendersene conto.

- PUNTO CHIAVE n. 15: la Strategia di Ingresso Graduale (SIG) è una modalità efficiente di accesso agli investimenti che si basa su sottoscrizioni periodiche di importi determinati dalla capacità di risparmio di ognuno di noi.

- PUNTO CHIAVE n. 16: l'indice di Sharpe consente di "dare un prezzo al rischio" e, quindi, di fare dei confronti; maggiore è l'indice di Sharpe, migliore sarà il risultato per l'investitore, misurato in termini di rendimento ponderato per il rischio.

# Capitolo 5:
# FC e investimenti immobiliari

*«Investire è semplice, ma non è facile»*
*Warren Buffet*

Negli ultimi settanta anni l'Italia ha avuto uno sviluppo economico e demografico dove la casa ha spesso rappresentato un bene prezioso da lasciare ai figli e investire in immobili viene da sempre considerato un atteggiamento utilizzato frequentemente nel nostro paese con la frase classica che noi tutti abbiamo sentito più volte: "Io mi fido solo del mattone".

Dobbiamo però considerare l'acquisto di un immobile come tutti gli altri strumenti finanziari, analizzando i fattori positivi e negativi che ne derivano: la rivalutazione nel tempo, le spese di manutenzione, la gestione di un eventuale affitto, le tasse e le imposte da pagare ma anche l'illiquidità dell'investimento stesso.

Più del 75% delle famiglie italiane possiede una casa di proprietà ma nel lungo periodo la rivalutazione reale di un immobile, cioè tenendo conto dell'effetto inflattivo, è abbastanza bassa o quasi nulla, come afferma Robert Shiller, premio Nobel per l'economia, già citato all'inizio del nostro percorso.

Secondo gli ultimi dati Istat in Italia, negli ultimi venticinque anni, la crescita annuale media dei prezzi immobiliari è stata del 2,6%, contro il 3,2% annuale medio dei titoli di stato a breve termine e il 7,8% delle azioni. Negli ultimi dieci anni, dopo la crisi dei mutui *subprime*, è andata anche peggio con i prezzi delle abitazioni italiane che sono scesi del 24% circa.

(V.Baselli, *Falsi miti: il mattone è l'investimento più sicuro*, 2019)

Anche uno studio del 2017 della *Federal Reserve Bank* di San Francisco, analizzando i rendimenti reali delle attività finanziarie e immobiliari addirittura dal 1870 in 16 paesi del mondo, conferma che in un periodo molto lungo l'investimento in immobili si dimostra meno redditizio di quello in azioni.

Per valutare i pro e i contro, bisogna innanzitutto prendere in considerazione le spese di manutenzione per mantenere in ordine un appartamento, ovvero gli interventi necessari per preservare il valore commerciale dello stesso (imbiancatura, tubature, ecc.), in secondo luogo sussistono talvolta diverse problematiche quando si decide di darlo in affitto, dove attualmente ci troviamo in una situazione in cui l'offerta è molto superiore alla domanda e il tasso di morosità da parte degli inquilini è in continuo aumento anche a causa della pandemia Covid.

Bisogna poi tenere presente quando si acquista un immobile del pagamento di tasse e imposte, dove se ad oggi la prima casa resta esente da trattamenti fiscali, nel caso della seconda gli importi di IMU e tasse locali incidono in modo abbastanza rilevante.

Infine, non va dimenticato come gli investimenti immobiliari siano poco liquidi, dovendo spesso aspettare per la vendita da qualche mese a diversi anni, a cui vanno aggiunti anche i costi di intermediazione dell'agenzia immobiliare.

E questo rappresenta certamente un fattore di rischio perché per vendere rapidamente possiamo essere portati ad accettare offerte inferiori al prezzo d'acquisto, realizzando una minusvalenza nel caso avessimo bisogno urgente di liquidità.

Come afferma Matteo Giovagnoni, consulente finanziario, "con la sola doverosa eccezione della prima casa, per la quale entrano in gioco aspetti personali che possono stravolgere qualsiasi valutazione strettamente economica, è evidente come risulti più efficace una opportuna diversificazione finanziaria. Se si possiede già una prima casa, è sconsigliabile dedicare gran parte dei propri risparmi al settore immobiliare, in modo da ridurre notevolmente il rischio del portafoglio complessivo.

Un atteggiamento lungimirante è quello di pianificare una *asset allocation* che consideri un'ampia diversificazione degli investimenti tra molteplici strumenti finanziari, tra cui una parte che rappresenti pure il *real estate* ma evitando eccessive concentrazioni di settore".

**PUNTO CHIAVE n. 17: è opportuno considerare l'acquisto di un immobile come tutti gli altri strumenti finanziari, analizzando i fattori positivi e negativi che ne derivano.**

Dal punto di vista della **finanza comportamentale**, anche negli acquisti immobiliari si presentano alcuni degli errori tipici che abbiamo analizzato nel capitolo 3.

Supponiamo che un investitore abbia comprato qualche anno fa due appartamenti. Il primo è stato acquistato in una zona che ha perso per svariate cause l'esclusività che la contraddistingueva all'inizio, è costato tanto e si trova in un'area dove le locazioni hanno sempre comportato un problema; il secondo invece è in una zona di pregio che si è apprezzata, è sempre stato affittato e gli inquilini hanno sempre pagato senza ritardi.

Se dobbiamo decidere di venderne uno per esigenze immediate di liquidità, quale scegliamo?

La maggioranza di noi solitamente preferisce vendere il secondo immobile su cui abbiamo guadagnato rispetto al primo, per non realizzare la perdita che ci siamo procurati, esattamente con lo stesso ragionamento valido per un investimento finanziario, senza prendere in considerazione il fatto che questa scelta ci priverà probabilmente di ulteriori guadagni e ci porterà ulteriori minusvalenze (come abbiamo visto nel terzo capitolo in condizioni di incertezza siamo **avversi alle perdite**).

In linea generale, ciascuno di noi ritiene di conoscere molto più di quello che sa e anche in campo immobiliare ci consideriamo sempre "migliori della media" dove, per forza di cose, un buon 60% prende decisioni in un settore in cui pensa di essere molto più bravo di quello che è in realtà (*overconfidence* o ***eccesso di sicurezza***).

Quando andiamo a vedere la casa di una famiglia che in quella abitazione ha vissuto da molto tempo, la valutazione che quella stessa famiglia ha del proprio immobile è di molto superiore a quella che darebbe se non lo possedesse. L'**effetto dotazione** fa sì che normalmente valutiamo in maniera eccessiva un bene per il solo fatto di esserne in possesso, proprio perché abbiamo la tendenza a sopravvalutare le cose di cui siamo proprietari.

Inoltre molte volte preferiamo acquistare una seconda casa, con l'intenzione di affittarla, nella zona residenziale in cui abitiamo, con la falsa convinzione di riuscire a controllare più efficacemente l'investimento o di conoscere meglio il mercato locale (spesso, a causa di questo *home bias*, o ***errore domestico***, si arriva al caso limite di comprare nello stesso palazzo nel quale viviamo). E questo è un classico atteggiamento molto più diffuso in Italia rispetto al resto del mondo.

Facciamo infine un altro esempio: abbiamo comprato una casa a 250.000 euro, oggi ne vale 220.000 e, probabilmente, il valore si deprezzerà ulteriormente a causa della zona che si sta degradando. Quando decidiamo di mettere in vendita l'immobile, siamo legati a un valore affettivo che ci impedisce di optare per la strategia migliore da intraprendere, pensando al prezzo al quale abbiamo acquistato e a cui il mercato non presta la benché minima attenzione (**errore di ancoraggio**).

**PUNTO CHIAVE n. 18: anche negli acquisti immobiliari si presentano alcuni degli errori tipici di finanza comportamentale, come l'avversione alle perdite, l'eccesso di sicurezza, l'effetto dotazione, l'errore domestico e quello di ancoraggio.**

RIEPILOGO DEL CAPITOLO 5:

- PUNTO CHIAVE n. 17: è opportuno considerare l'acquisto di un immobile come tutti gli altri strumenti finanziari, analizzando i fattori positivi e negativi che ne derivano.

- PUNTO CHIAVE n. 18: anche negli acquisti immobiliari si presentano alcuni degli errori tipici di finanza comportamentale, come l'avversione alle perdite, l'eccesso di sicurezza, l'effetto dotazione, l'errore domestico e quello di ancoraggio.

# Conclusione

Siamo giunti al termine di questo percorso, avente come oggetto la finanza comportamentale, che ho cercato di trattare in maniera relativamente semplice e dove spero che ogni lettore abbia acquisito quella consapevolezza necessaria per affrontare il complicato mondo degli investimenti.

Solitamente noi italiani siamo molto bravi a reperire dettagliatissime informazioni sull'auto nuova che siamo in procinto di acquistare ma, spesso, abbiamo evidenti lacune in campo finanziario, perché dedichiamo poco tempo a questa materia così delicata, che invece andrebbe approfondita molto di più.

Abbiamo affrontato tantissimi argomenti, partendo dal famoso esperimento dei *marshmallow* degli anni Settanta negli Stati Uniti e parlando dell'importanza della gratificazione differita, passando per i concetti di paura e avidità che da sempre muovono i mercati finanziari e dove la psicologia umana avrà sempre una correlazione con questi ultimi.

Ci siamo inoltre soffermati su come il valore reale dei nostri soldi possa venire eroso dall'inflazione, su come la nostra propensione al rischio sia determinata da una predisposizione di tipo psicologico e caratteriale, sul perché allargando il nostro orizzonte temporale di investimento abbiamo una minore dispersione dei rendimenti e su come un buon livello di diversificazione ci consenta di evitare pericolose concentrazioni di investimenti.

Abbiamo proseguito con l'importanza di capire le bolle speculative del passato e di comprendere a che livelli di insensatezza può condurre la psicologia di massa con "l'effetto gregge" e perché a un aumento della volatilità corrisponde un maggiore rischio dello strumento finanziario utilizzato.

Il punto focale del libro sono sicuramente i 12 più rilevanti errori cognitivi e comportamentali che il nostro cervello ci porta a compiere nella gestione del risparmio, tenendo a mente l'insegnamento di Benjamin Graham che asserisce, letteralmente, che «il nemico peggiore dell'investitore è con ogni probabilità sé stesso», senza dimenticare i concetti di interesse composto e di legge della rovina statistica.

Infine, abbiamo esaminato le differenze tra risparmio e investimento addentrandoci nel livello di cultura finanziaria delle famiglie italiane, generalmente avverse al rischio e alle perdite, concludendo con l'affermazione che anche negli acquisti immobiliari si presentano pedissequamente alcuni degli errori tipici della finanza comportamentale esaminati.

Se hai apprezzato questo libro e vorresti metterti in contatto con me per approfondire in maniera più dettagliata quello che hai letto, i miei riferimenti sono questi:

email:    LUCA393939@LIBERO.IT
linkedin: www.linkedin.com/in/luca-moro-finanzacomportamentale